職場のうつ
──対策実践マニュアル──

著

松原 六郎

五十川 早苗

齊藤 忍

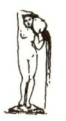

星 和 書 店

Seiwa Shoten Publishers

2-5 Kamitakaido 1-Chome
Suginamiku Tokyo 168-0074, Japan

How to Assist Employee's Depression

by
Rokuro Matsubara, M.D., Ph.D.
Sanae Isokawa
Shinobu Saito

©2010 by Seiwa Shoten Publishers

はじめに

うつ病の人が私たちの病院や診療所を次々と訪れるようになったのは、二〇〇〇年を過ぎたころからであり、それほど古い話ではありません。もちろんそれまでも多くのうつ病の方を治療してきましたが、これほど多くの方を治療することになったのは驚きでした。また病気が再発する人や遷延する人も多くなり、「うつ病とは心の風邪であり、簡単に治せる」という言葉もすぐに使われなくなりました。

そのころから、自殺者の増加が取り沙汰されるようになり、国としても、企業や自治体においても、放っておくことのできない状況になってきました。ようやく社会全体が自殺対策に動き出したのもそのころからです。

一方で、職場の戸惑いもピークに達し、休職者が相次ぎ、せっかく復職させてもすぐに再発する社員の対応に追われる状態でした。中小企業などにおいては、健康管理室はもちろん産業医など事業場内のスタッフもおいていないところがあり、メンタルヘルス問題に

関する十分な教育も行われていない現状があります。そのような企業内でうつ病などのメンタルヘルス問題が発生したときには、直属の上司や人事・労務担当者にその対応が委ねられることになるわけですが、現状では適切な対応の仕方や起こりうる問題点についてよくわからないまま対応しているために、問題を悪化させたり、企業にとって重要な人材を失っている可能性もあるのです。

世の中の情勢を見ると、自殺という不幸な転帰をとっているケースも少なくありません。うつ病などメンタルヘルスの問題に対しては、病院や企業、家族、地域が連携して対応していくことが必要不可欠であることを感じます。

この本は、企業内で直接メンタルヘルスの問題に対応する上司、人事・労務担当者が、適切な関わりができるように、そして企業内での役割分担、連携による体制づくりがスムーズに行えるようにということを目標に作成しました。わかりやすく、実践的であることにこだわりました。もちろん産業医、産業看護職、その他の職場の健康管理に携わるすべての方に役立つものと思っています。そしてこの本が、一人でも多くの働くうつ病の人たちを守る助けとなれば幸いです。

著者

注意…本書の図表やマニュアル、様式などの複写については、会社のメンタルヘルス対策や治療上使用する場合に限り、許可します。しかし、本書の内容に関して運用した結果の影響については責任を負いかねます。あらかじめご了承ください。

目 次

はじめに iii

第一部 社員がメンタルヘルスの問題を抱えたとき

第一章 心の不調に気づくとき 3

事例1 「自分はうつ病かもしれない」Aさん 6

第二章 心の不調を持つ社員への対応 9

声かけ 9

対応の役割 12

話の聴き方——傾聴 16

コラム 積極的傾聴法と部下との面談——部下の性別による違い 19

受診を勧める 23

事例2 「以前うつ病の話を聞いたので、その通りにしました」Bさん 26

家族への連絡 29

事例3 「夫が帰ってこないんです」Cさん 32

第三章 休業・休職の決定と対応 35

休職の決定 35

主治医との連携 40

事例4 「こんないい会社、他にないのになあ。なんでうつ病になるのかわからない」Dさん 48

休職決定時の連絡手続き 50

第四章　休職中の定期相談・面談　53

休職中の情報収集　53
定期面談の目的と内容　58
家族との関係づくり　61

第五章　職場への復職希望と会社側の復職準備　63

職場への復職希望　63
会社側の復職支援チーム　68
復職を受け入れる職場の環境づくり　74

第六章　復職トレーニング　80

出社トレーニング　80
慣らし勤務トレーニング　83
事例5　「半日勤務という制度はうちの職場にはありません」Eさん　85

社外の復職トレーニング　87

第七章　職場復帰の可否　90

回復度のチェック　90
勤務・労働についてのチェック　93
復職のための最終面談
事例6　「早く仕事に戻りたいのです。戻るしかないから」Fさん　97
コラム　復職に関する主治医と会社のずれ　102

第八章　職場復帰とフォロー体制　106

職場復帰の受け入れ態勢　106
復職後の定期面談とカンファレンス　110
事例7　「復職をしたけれど何もさせてもらえないんです」Gさん　113
事例8　「もう治ったように思ったので通院しませんでした」Hさん　116

第九章　Q&A〈休職・復職編〉 118

コラム　会社の人間関係今昔 127

第二部　うつ病とは何か …… 133

第一章　うつ病の診断と症状 135

第二章　うつ病の原因と分類 139
　うつ病の分類 139
　現代型うつ病 142
　うつ病の原因 145

第三章 うつ病の経過 147

うつ病発病の経過 147

うつ病回復の経過 149

第四章 うつ病の治療とリハビリテーション 152

薬物による治療 153

心理学的治療 156

生活リハビリテーション 159

うつ病の復職リハビリテーション 162

うつ病はどれくらい多いか 163

第五章 Q&A〈うつ病編〉 165

第三部 自殺防止とその対応

自殺のサイン 175
自殺のサインがみられたとき 178
自殺に対する危機介入 181
自殺の要注意時期 184

第四部 社員がメンタルヘルスの不調に陥らないために

予防の取り組みの第一歩 189
メンタルヘルスに関する教育・研修 190
職場環境の把握と改善 191
心の不調に対する気づきと対応 193
働きやすい職場づくりに向けて 195

文献　197
あとがき　200
著者略歴　202

第一部 社員がメンタルヘルスの問題を抱えたとき

第一部では、企業内でメンタルヘルスの問題が発生した場合の対応について解説します。最初に社員の心の不調に気づくところから、休職や復職、復職後のフォローに至るまで、「会社としてやるべきことは何か」を中心に具体的に述べます。マニュアルや書類様式などは、それぞれの会社の状況に合わせてアレンジして利用するとよいでしょう。

第一章　心の不調に気づくとき

　この章では、心の不調のサインについて周囲の人、特に職場で心の不調に気づく場合のポイントを説明します。心の不調のサインは大きく分けて三つあります。
　一つ目は勤怠状況の変化です。これまであまり休まなかった社員の欠勤が増える、不規則な休暇取得や当日の休暇取得が増える、特に月曜日や連休の翌日などに休みが増える、遅刻や早退が増えるなどです。特別な理由がなく一カ月に二日、三日と休みが続くようであれば、その他の変化を注意深く観察すべきです。
　二つ目のサインは、仕事ぶりの変化です。仕事ぶりとはつまり業務パフォーマンスです。

仕事の能率が落ち、これまで一時間でできていたような仕事が半日かかっても終わらなかったり、その人らしくないミスや事故が増えたりするのは、心の不調によって注意力や集中力が低下しているからかもしれません。自分でなんとかしようと必死になるため上司への報告・相談が遅れたり、能率の低下をカバーしようとして仕事量に不釣り合いな残業が増えてくることもあります。

三つ目は日常の様子の変化です。仕事中に手を止めてぼんやりしていたり、口数が減って同僚と会話しなくなったりと、特に午前中を中心に、明らかに元気のない様子がみられます。また気持ちに余裕がなく、身づくろいに気が回らないため、シャツを汚れたまま何日も着ていたり、明らかに洗髪していない様子でフケが目立ったりといった様子がみられることがあります。また辞めたいと言い出すときには、「人生を止めたい」と思っている場合があるので、注意が必要です。

心の不調に気づくポイント
〈心の不調のサイン〉

勤怠状況の変化
- 欠勤
- 当日の休暇取得
- 遅刻
- 早退

仕事ぶりの変化
- 能率が落ちる
- ミスの多発
- 事故
- 上司への報告・相談が遅れる
- 残業・休日出勤が不釣り合いに増える

日常の様子の変化
- ぼんやりした表情（特に午前中）
- 元気がなくなる
- 服装や髪型の乱れ
- 口数が少なくなる
- 辞めたいと言い出す
- 一人でいることが多くなる

▼事例1
「自分はうつ病かもしれない」Aさん　四十五歳　男性

Aさんは初診の際、「自分はうつ病かもしれない」と言って受診してきました。会社で行ったストレスチェックの結果を見て、医務室の看護師に受診を勧められました。月の残業時間は三〇時間程度でしたが、仕事の内容はミスの許されない事務処理で、毎日クタクタになって帰宅していました。仕事はちゃんとこなしていますが、家のことは何もできず、休日も家族の相手をすることなく、眠り続けている状態です。食欲低下はみられず、むしろ過食気味で、体重は現状維持です。以前と大きく違うところは、とにかく朝起きるのがつらく、目は開いていてもなかなか布団から出られずに、家族に何回も促されてギリギリになってようやく起き上がるといった状態です。

主治医は、血液検査、心理検査などの詳しい検査を行って、うつ病と診断し、薬を処方して休職を勧めたところ、結局Aさんは二週間の休養で復職できました。

> ⚠ **ポイント**
> 会社の健康診断の際に、簡単なストレスチェックの質問票などを早期発見のため同時に配布して、ストレスやうつ病に関するスクリーニングテストを行うのも早期発見のためのポイントです。またそれらのストレスチェックは、心の健康問題に対して、社員に関心を持ってもらうためのきっかけにもなるでしょう。

心の健康度自己評価票

　最近（ここ2週間）のあなたのご様子についておうかがいします。次の質問を読んで、「はい」「いいえ」のうち、あてはまる方に○印をつけてください。

1. 毎日の生活に充実感がない。──────────　はい　　いいえ
2. これまで楽しんでやれていたことが、楽しめなくなった。──────────　はい　　いいえ
3. 以前は楽にできていたことが、今ではおっくうに感じられる。──────────　はい　　いいえ
4. 自分が役に立つ人間だと思えない。──────　はい　　いいえ
5. ひどく疲れを感じる。────────────　はい　　いいえ
6. よく眠れなかったり、眠りすぎることがある。──────────　はい　　いいえ
7. 死について何度も考えることがある。────　はい　　いいえ
8. 気分がひどく落ち込んで、自殺について考えることがある。──────────　はい　　いいえ
9. 最近（ここ2週間）ひどく困ったことやつらいと思ったことがある。──────────　はい　　いいえ

　9．で「はい」と答えた方は、さしつかえなければどういうことがあったのかご記入ください。

[　　　　　　　　　　　　　　　　　　　　　　　　　　　　]

| 「はい」と回答した項目が
1～5で2つ以上
5～6で1つ以上
7～8で1つ以上
9に該当した場合 | | いずれかが該当する場合、心の健康に対する注意が必要です。
専門家に相談することをお勧めします。 |

福井県自殺・ストレス予防ネットワーク開発委員会作成。

第二章 心の不調を持つ社員への対応

❀ 声かけ

第一章で述べたような心の不調のサインがみられる部下がいた場合、誰がどのように声かけしたらよいのでしょうか。

まずは、不調に気づいた直属の上司が、さりげなく声をかけるのが適切です。次の図に示す悪い例にあるように、叱咤激励したり、元気づけようと飲みに誘ったりするのは、上司としては良かれと思ってしていることでも、本人にとっては負担に感じやすいため、逆

効果です。

不調に陥っている人にとっては、頑張ろうとしても頑張れない、頑張ってもできない状態ですから、叱咤激励してもプレッシャーになるだけです。また気晴らしをさせてやろうと飲みに誘ったりゴルフに誘ったりしても、本人はそのことを楽しめない状態にありますから、誘われること自体が苦痛に感じがちなのです。

良い声かけの仕方としては、穏やかな口調で、さりげなく体調について尋ねてみることがよいでしょう。心の不調は、多くの場合、不眠や食欲不振など体調にも変化が現れることが多いので、体調の変化から不調がわかる場合があります。それに、いきなり悩み事について話し出すよりも、体調のことから話すほうが話しやすいということもあります。無理やり聞き出そうとするのではなく、上司として心配している気持ちを伝えながら話を進めることが重要です。

なお、話しかけるときには、周りの様子にも気を配り、話が他の人に筒抜けになるような場所では話さないようにしましょう。

社員の心の不調に気づいたとき
〈声かけのポイント〉

●良い例
- 顔色が良くないようだけど、体調でも悪いのか？
- 最近ミスが多いけど、君らしくないな？ 何か悩み事でもあるのか？
- 遅刻が増えているようだけど、どうしたんだ？
- 最近疲れているようだね。ちゃんと休めているのかい？
- ちょっと痩せたんじゃないか？ 体調のほうはどうなんだ？
- 良かったら話を聞かせてくれないか？

●悪い例
- ボーッとしてどうしたんだ。しっかりしろ。
- 最近ミスが多いぞ。気を引き締めろ。
- また遅刻か。たるんでる証拠だ。
- 俺だって若いときはつらかったんだ。根性で乗り切れ。
- 暗い顔してないで、飲みに行けば気も晴れるさ。
- 考えすぎだ。もっと楽に考えろ。
- みんな頑張ってるんだ。お前も頑張れ。
- 君には期待しているんだ。
- 死ぬ気になれば何でもできる。

🌸 対応の役割

会社側が心の不調の問題への対応を円滑に進めたいと考えるのは当然のことです。しかし、実際には円滑にいかないことが多く、複雑化する傾向にあります。対応をできるだけスムーズに行うためには、問題に対応する人たちの役割を明確にすることが必要です。

まずは、一番身近な職場の上司（部課長）が常日頃からさりげない声かけを行ったり、仕事ぶりを観察していることが前提になります。そしていつもと違うぞ（心の不調のサイン〔五頁〕参照）と感じたら、上司は医療スタッフに相談します。医療スタッフとは、職場に産業医がいれば産業医になりますし、健康管理室があれば健康管理室の保健師や看護師になります。医療スタッフがいない場合には、本人に相談機関・専門医療機関への相談、受診の勧めを勧めるわけですが、その際には強制的にならないよう注意が必要です（後出の「受診の勧め方のポイント」〔二三五頁〕で詳述）。

また、人事・労務担当者は労務管理の一部を担っているわけですから、勤怠状況の変化に気づきやすいといえます。頻繁に休暇を取得していたり、逆に残業・休日出勤が増えたりといったことはひとつの目安となるでしょう。もしそれまでの状況と変化していること

に気づいたら、その職場の上司に確認をとり、職場の状況と不釣り合いである場合は、職場の上司に報告・確認し、相談して、健康管理室があれば健康管理室に相談します。健康管理室がない場合は、職場の上司が対応します。

　職場の上司や人事・労務担当者から相談を受けた健康管理担当者（産業医もしくは健康管理室スタッフ）は、本人との面談を行い、障害となる要因の確認をし、必要なら専門医療機関へ紹介を行います。そして職場の上司、人事・労務担当者には就業管理上のアドバイスを行います。

対応の役割
〈健康管理室がある場合〉

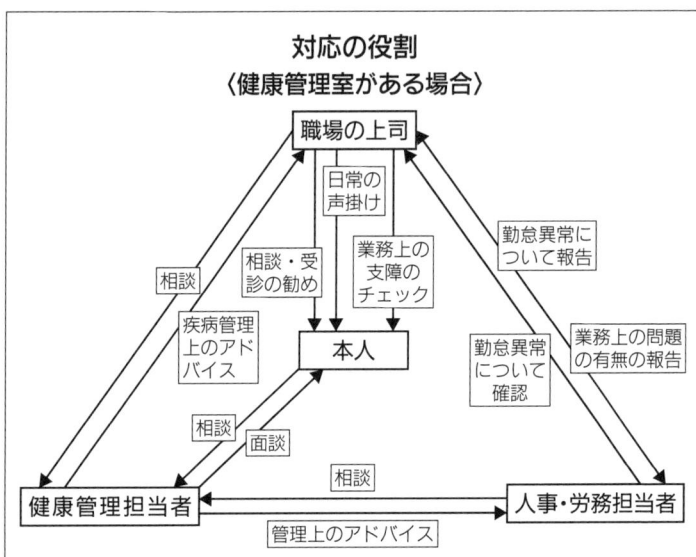

●職場の上司（部課長）
日常の声かけ
　　↓　いつもと違う……（心の不調のサイン（P5）参照）。
疾病性を疑うもしくは、その事前確認したいとき、健康管理担当者に相談する。
本人に相談・受診を勧める……（声かけのポイント（P11）、受診の勧め方のポイント（P25）参照）。
業務上の支障の有無（能率・正確性など）についてチェック。
勤怠異常（就業規則に準じた内容から）については人事・労務担当者に報告。

●人事・労務担当者
勤怠管理上での異常の確認（頻繁な休日取得や残業・休日出勤の増加など）。
　　↓　いつもと違う……（心の不調のサイン（P5）参照）。
職場の上司に現状確認。
疾病性がある場合、安全配慮義務的な行動をとる。

●健康管理担当者（産業医もしくは健康管理室スタッフ）
職場上司や人事・労務担当者からの相談。
　　↓
本人との面談→障害となる要因の確認。
　　　　　　必要時、専門医療機関へ受診勧奨。
職場上司・人事・労務担当者→管理上のアドバイス。

対応の役割
〈健康管理室がない場合〉

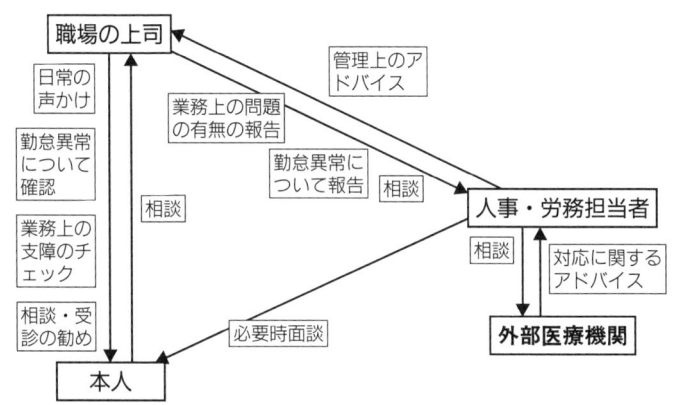

● **職場の上司(部課長)**

日常の声かけ

　↓　いつもと違う……(心の不調のサイン(P 5)参照)。

本人に相談・受診を勧める……(声かけのポイント(P 11)、受診の勧め方のポイント(P 25)参照)。

業務上の支障(能率・正確性など)についてチェック。

勤怠異常については人事・労務担当者に報告。

● **人事・労務担当者**

勤怠異常の確認(頻繁な休日取得や残業・休日出勤の増加など)。

　↓　いつもと違う……(心の不調のサイン(P 5)参照)。

職場の上司に確認。

対応に困るとき、外部専門機関に相談。

必要な場合、本人と面談し、措置を講ずる。

話の聞き方——傾聴

うつの人や悩みを持った人の話を聞くときには、「傾聴」が必要です。では傾聴するには具体的にはどのようにしたらよいのでしょうか？

まず傾聴するための準備として、物理的に話を聞く「時間」と「場」を確保することです。傾聴自体はどんな騒がしい場所でもできることですが、ことメンタルヘルスの問題については、忙しく仕事をしながら、あるいは周りにたくさんの人がいるような場では、落ち着いて話をすることも聞くこともできません。安心して話せる時間的余裕と場所が必要です。

そして傾聴のポイントは、ただひたすらに聞くことです。「自殺する」などと言われたら止めなければなりませんが、それ以外は途中で言葉をさしはさむことなく、相槌を打ちながら話を進めていきます。途中でもうちょっと詳しく聞きたいと思うことや疑問に思うことなどが出てくるでしょうが、それらのことは後回しにして、まずは相手が話そうと思っていることを話してもらいます。イメージとしては自分が吸い取り紙になったように、ただただ相手の話を聞き取るわけです。一通り話してもらったら、そこまででわかっ

たことをそのまま伝え返します。その伝え返しには自分の価値判断や感情を含めないようにします。例えば「それは良くないと思うよ」「それは困ったな」などといった言葉で返されると、相談する側は、「否定されている」「批判されている」と感じ、その後何も言えなくなってしまいます。

相談するほうは思い切って話をしているのですから、話を聞いた後は相手が話してくれたことに対する労（ねぎら）いの言葉をかけ、つらい気持ちに共感を示すように努めましょう。

傾聴技法のポイント

- 話を聞く時間と場をきちんと設定する。
- 「うん、うん」「そうか」「なるほど」など相槌を打ちながらひたすら聞き役に徹する。
- 途中で言葉を差し挟まない。
- 自分の言いたいことは後回しにして、最後まで話を聞く。
- 「なぜ？」「どうして？」を連発しない。
- わからないことはそのままにして、わかったことをそのまま伝え返す。「〜と感じているんだね」「〜に困っているんだね」
- 否定したり、批判したりしない。
- 話してくれたことへの労いと、心情に対する理解・共感を示す。「よく話してくれたね」「大変だったね」

コラム

積極的傾聴法と部下との面談——部下の性別による違い

メンタルヘルス支援やコミュニケーションスキルには欠かせないと言われている「積極的傾聴法」。会社内でメンタルヘルス講座などが行われる場合には、教育の一環として必ずと言っていいほど習得内容に含まれています。

しかしなかなか日常業務の現場では積極的傾聴を行っている光景はみられないようです。話を聞こうとする上司は多くなりましたが、日々の業務に追われているために、話は単発的で継続性に欠けるところがあります。例えば、毎年一回以上の積極的傾聴法に関するセミナーを継続的に開催する、新任就任時のセミナーの中に積極的傾聴法の内容を盛り込む、といった取り組みが望ましく、繰り返しの教育の実施が必要といえます。

さて、部下と面談をする際に積極的傾聴法で話を聞くとして、部下が男性の場合と女性の場合とでは何か違いがあるのでしょうか。

一般的に、男女間で面談方法に違いはないといえますが、基本的な男女の傾向の違いとして、少し知っておいたほうがよいと思われる点があります。

男性の場合は、「正しいかどうか」「必要かどうか」など、客観的な事実を判断の基準として、頭の中で考えを処理して結論を出す傾向があるようです。ある程度結論づけて、その結論に向けてどうしていくかという考え方で事を進めていくので、自分自身の主観や結論に至ったプロセスの部分、つまり本音の部分については話題にしない傾向があるようです。

一方、女性は話すこと自体に意味を感じる傾向があり、話をしながら考えを整理することが多いようです。そのため問題解決をするにあたっても一連のプロセスを理解してほしい、一緒に考えてほしいと望むことが多く、話を聞いてもらいたいと思っています。つまり結論を出すことよりも、結論に至るまでのプロセスを共有して理解してもらいたいと考えるため、その中で本音も話しやすいのではないかと考えられます。

例えば、あなたの部下や同僚（特にメンタルヘルスの問題がない）が「仕

第二章　心の不調を持つ社員への対応

事を辞めようかと思っている」と相談してきたとしましょう。もしそれが男性社員であれば、すでに退職の気持ちは固まっていることが多いものです。退職の気持ちを固めたうえで、この先の手続き上のことや仕事の引き継ぎのことなどを尋ねるために相談しているのではないでしょうか。もしそれが女性社員の場合は、実は退職しようかと考えているけれども、まだ迷っていて……と職場の愚痴や身の上話、今後の人生設計など、あれこれと話したうえで「もう一度よく考えてみます」と話が終わることが多いのではないでしょうか。

　もちろん男性は弱音を吐いてはいけないという価値観も強いのかもしれません。福井県で住民基本健診の際に行ったストレスチェックの結果では、男性は女性に比べてストレスを多く感じているにもかかわらず、それを訴えることは少ないという結果が出ています。

　以上のようなことから、男性の部下と話すときには、本音を引き出せるよう、よりそのプロセスに焦点を当てた話し方をするほうがよいかもしれませ

ん。また女性の部下に対してはさらにそのプロセスに共感を示す話し方をすることで、スムーズに本音が引き出せるかもしれません。

いずれにしても、上司が部下と話をする際には、かなりの「スキル」が必要です。社風や環境、上司の性別やタイプによっても異なりますが、それに合った教育内容を検討することも必要でしょう。

受診を勧める

部下の心の不調に気づいたら、できるだけ早く治療のラインに乗せることが重要です。

受診の勧め方としては、まず十分に現在の状況を聞き、そのうえで不眠や倦怠感など、表にあらわれている症状を改善するために専門医への受診が必要であることを伝えるのがよいでしょう。精神科を受診することへの抵抗が強い場合は、少し遠回りになりますが、身体的不調を診てもらおうと伝え、まず内科から受診する手もあります。内科的な問題がなく、うつ病が疑われる症状があれば、内科医から精神科に紹介されるでしょう。

また、「大丈夫です」「問題ありません」などと、心の不調を否定する部下に対しては「身体にあらわれる症状は、身体からのSOSなんだよ。そのSOSに耳を傾けて早めに対処することが必要なんじゃないかな」などと話し、やんわりと受診を勧めることが必要です。

良識ある上司であれば、以下の表に示す悪い例のように部下をおかしいと決めつけるような言い方はしないでしょうが、気持ちの持ち方次第だとか、身体が疲れれば眠れるだろうなどといった軽く見積もるやり方も、結果的に受診を遅らせ、悪化させることになるの

で注意が必要です。上司自身が心の病気についての理解が不十分であったり、偏見を持っていたりすると、部下は上司の言葉の端々から、精神科を受診することにマイナスイメージを持ってしまうことになります。

受診の勧め方のポイント

●良い例
- 疲れがたまっているようだね。ゆっくり休んだら？
- まずは眠れることが大事だから、睡眠の相談に行ってみたら？
- ストレスのせいかもしれないから相談してみるといいよ。
- 病気であれば治るんだから、一度受診してみたら？
- 心配だな。一度病院で診てもらうといいよ。

●悪い例
- 気の持ちようだ。
- 趣味でも持てば気も晴れるさ。
- 運動でもして疲れれば眠れるだろう。
- 所詮休んでも環境は変わらないぞ。
- 薬なんかに頼っていちゃいかん。
- うつ病なんじゃないか？
- お前おかしいぞ。精神科にでも行ったらどうだ？

▼事例2

「以前うつ病の話を聞いたので、その通りにしました」 Bさん 二十八歳 男性

「朝元気がなく、仕事の能率が下がり、ミスをするようになった部下がいます。半信半疑というか、よくわからないのですが、うつ病ではないかと思われるので念のため本人に病院にかかるよう言いました。よろしくお願いします」

その電話での約束の時間に部下であるBさん本人がやってきました。Bさんの主訴はうつではなくて、頭痛でした。しかし、軽いながらも明確なうつ病の所見を認めました。Bさんの上司は見事に正確な診断を下したのでした。しばらく休むこと、仕事量を減らすことを指示し、結果として休職することもなくBさんは回復しました。Bさんの上司は、以前にうつ病についての社内研修を受けていたのでした。すべてのケースで早く見つければ休まずに回復させることができるというわけではありませんが、早期発見が有効であることは確かなようです。

⚠ ポイント

事例2のケースは、心の不調の早期発見がスムーズな回復のために重要であることのほかに、社員に対するメンタルヘルス教育が重要であることを教えてくれています。特に管理職は、社員の心の不調を早期発見するためのキーパーソンです。日頃から職場内のコミュニケーションを良くし、職場全体を観察することで、部下の変化に気づき、心の不調を発見することが可能です。そのためにも、メンタルヘルスについての研修に積極的に参加し、社員の心の状態にも目を配れるようにしましょう。

うつ病と気づきにくいうつ病の症状

仮面うつ病
　抑うつなどの精神症状より先に、身体症状（頭痛や腰痛、めまいや微熱など）が現れる。一見してうつ病とわからないため内科を転々と受診するが、実はうつ病の初期であることがある。

微笑みうつ病
　うつ病の初期症状ともいえるが、症状が軽いころに、周りに心配をかけまいと、作り笑顔を浮かべているような状態になることがある。

季節性うつ病
　1年のうち特定の季節にだけ抑うつ症状がみられる。冬季うつ病のように冬の間だけ抑うつ状態となり、春になると自然によくなっていくような状態。

気分変調症
　比較的軽い抑うつ状態が長く続く。軽いうつ状態や身体不調が2年以上続いている場合に診断される。

家族への連絡

本人に病識(自分は病気であるという認識)があって、問題意識がある場合には、職場から家族に連絡をとる必要はないでしょう。しかし、本人に問題意識がなく、上司や同僚が専門医への受診を勧めても応じない場合は、家族に連絡する必要があります。その際には上司や人事・労務担当者が電話などではなく、可能な限り家族に直接会って話すことがよいでしょう。そのほうが職場側の誠意が伝わり、話の行き違いも少なくなります。

説明の仕方としては、欠勤したり遅刻したりした具体的な回数や、事故やミスの多発など、実際に困っている客観的事実だけを伝えることが重要です。大抵の場合は家族にも思い当たる節があるはずなので、「最近何か様子が違うと思っていたんです」などと家族のほうから話してくれるでしょうし、家族が気づいていない場合は「どういうことですか?」と理由を尋ねてくるでしょう。その段階になってはじめて「どうも精神的にお疲れのように見えるのですが……」というように話を持っていきます。この順序を間違えたり、先を急いで受診を勧めると、本人を病気と決めつけているなどと家族が不信感を抱いて、その後の対応がうまくいかなくなります。重要なのは、家族との信頼関係を築き、本人と

家族をサポートする形で、精神科の受診への段取りをつけていくことです。

また精神科への受診の際には、できるだけ家族も付き添ってもらえるようにお願いしたほうがよいでしょう。本人だけで受診すると、情報源が本人のみに限られるため、正しい情報が医師に伝わらず、適切な治療が受けられない場合があります。また、本人の受診に家族が同伴することは、家族にとっても病気に対する知識を得る良い機会です。家族が病気についての正しい知識を持ち、本人が家族に自宅で適切なサポートをしてもらえることは、回復のための重要なポイントになるでしょう。

心の不調に気づいたとき
〈家族に伝えるときの留意点〉

- 人事・労務担当者が、直接家族に会って話す。
- 客観的事実だけを伝える。
- 「どうも精神的にお疲れのように見えます。本人には一度専門医を受診するよう勧めましたが、どうにも気が進まないようです。しかしこのまま悪化して取り返しのつかないことになっても困りますから、ご家族からも専門の先生に相談するよう勧めていただけないでしょうか」
- 本人を病気と決めつけるような言動は慎むべし。
  （例えば「どうも様子がおかしいので、精神科に連れて行ってください」など）
- 受診にはできるだけ家族も付き添ってほしい旨を伝える。
- 家族だけで悩んで抱え込まないように、相談できる社会資源についても紹介するとよい。（医療機関のソーシャルワーカーや各都道府県の精神保健福祉センター、地域の保健センターなど）
- 家族に丸投げするのではなく、会社としても、家族と協力して回復を助けたいと考えていることを伝える。

▼事例3

「夫が帰ってこないんです」Cさん　四十八歳　男性

昨日から夫が帰ってこないと妻からCさんの上司に連絡があったのは始業時間を少し過ぎたころでした。会社にも出勤していません。Cさんはこれまで連絡もなく家に帰らなかったことは一度もありませんでしたし、無断欠勤をしたこともありませんでした。会社も家族も理由がわかりませんでしたが、上司は迷っている家族を説得して、家族から捜索願いを出してもらうことにしました。Cさんは不眠を主訴に内科に通院していました。会社の上司や同僚も一緒にあちこち心当たりを探しましたが見つかりません。しかし翌日の夜になってCさんはひょっこり帰ってきました。「ただドライブしたかっただけです」と言うCさん。健康管理室のスタッフがCさんと家族に病気の説明をして精神科を受診してもらい、入院することになりました。その後カウンセリングを受けるなかで、Cさん自身はっきりとは認識していないものの希死念慮があることがわかり、結果的に入院してもらったことは正解だったことがわかりました。

> **❗ ポイント**
>
> 遁走という形で抑うつ状態が発見されることがあります。現状から逃げ出したい気持ちで、周囲の誰にも告げずいなくなってしまいます。注意すべきはその背後に自殺願望が潜んでいる場合がある点です。主治医の指示を受け、必要に応じて入院という措置をとったほうが安全でしょう。

自殺予防の十箇条

次のようなサインを数多く認める場合は、自殺の危険が迫っています。是非、早い段階で専門家に受診させるようにしてください。

1. うつ病の症状に気をつけよう（気分が沈む、自分を責める、仕事の能率が落ちる、決断できない、不眠が続く）
2. 原因不明の身体の不調が長引く
    身体症状が長く続く場合は、うつ病の可能性も考えて専門医への受診が必要です。
3. 酒量が増す
    不眠は飲酒によって改善しません。飲酒量が増えると抑うつ状態を強めることになります。
4. 安全や健康が保てない
    今まで受けていた治療の中断や失踪、ささいなトラブルなどの行動が見られることがあります。
5. 仕事の負担が急に増える、大きな失敗をする、職を失う
6. 職場や家庭でサポートが得られない
7. 本人にとって価値あるもの（職、地位、家族、財産）を失う
8. 重症の身体の病気にかかる
    自殺の理由の一つに、病気や障害が誘因となることがあります。家族に迷惑・負担をかけるのではと自分を責めすぎるような言葉にも注意が必要です。
9. 自殺を口にする
    「自殺」をほのめかした場合は、自殺の危険性が非常に高くなっています。
10. 自殺未遂に及ぶ
    緊急の危険が目前に迫っています。再び同じような行動に出ることも考えられます。

厚生労働省：「職場における自殺の予防と対応」より。

第三章 休業・休職の決定と対応

❦ 休職の決定

休業や休職に至るには、通常、専門医の診断・意見に加えて、本人の希望および了解が必要で、それらを受けて、会社関係者らが話し合いを行い、決定されます。特に、本人の希望が強い場合は、その意思が優先されます。

休業・休職決定で重要なことは、まず適切な治療が継続的に、定期的に行われていることです。治療に専念するという休職の目的をきちんと果たしていなければ、休職の意味が

なくなってしまいます。ですから、治療を継続しているかどうか、きちんと服薬しているかなどについては、休職中も情報を得て、療養を支援する必要があります。これについては、後の章で詳しく述べます。もう一つ重要なことは、「休職は復職を前提として行う」ということです。ただ休めばよいというわけではなく、休職するところから復職までを見通して、そのシステムを考えることが重要です。

休職の措置が適当とされる場合

以下のような場合は休職の措置が適当と判断できる。

①傷病による場合は、療養を必要とする期間が明記された主治医の診断書が提出されたとき

②長期の欠勤が続いているとき（就業規則で決められた欠勤を超える日数）

③無断欠勤が頻繁にあるとき（本人に確認したうえで判断する）

④五月雨的な出社状況にあるとき（本人に確認したうえで判断する）
　急な休日取得が多いなど

⑤タイムカードや遅刻・早退届けなどのチェックなどにより、勤怠異常が頻繁にみられるとき（本人に確認したうえで判断する）

気づきから対応、休職に至るまでのマニュアル

段階および経過	対応の担当者	具体的対応	注意すべき役割と対応のポイント
①気づき 【チェックポイント】 1）勤怠状況の変化 2）仕事ぶりの変化 3）日常の様子の変化	上司もしくは同僚	不定期、無計画な休暇の取得、遅刻、無断欠勤 些細なミス、忘れっぽい、ボーっとしている、能率が悪い 一人で居ることが多い、口数が減る、表情がとぼしい。	管理職は、広い意味での「人の管理」が必要 繰り返し教育の実施
②声かけ	上司もしくは同僚	日常的な声かけ。 異常と判断もしくは、疑わしいときは、誰かに相談する。	基礎的なマニュアルの利用も可。 判断できそうな人に相談すること。
③勤怠管理の再チェック	上司	業務上の支障の有無（業務の停滞、期限遅れ、周囲との不調和） 勤怠異常について報告（人事・労務担当者）。 勤怠状況について、本人に確認する。	上司ができない場合は、健康管理室もしくは人事・労務担当者に相談する。
④積極的傾聴	上司	本人と話をする。本人から、話を聴くことに専念する。	業務調整だけで、問題解決ができる場合は、調整後、様子をみてもよい。
	上司	受診の必要性の確認。	
	上司	人事・労務担当者への報告の必要性の確認と判断。	
	上司	つらい気持ちを受け止め、現状を理解する。［担当者が受診できない場合は、健康管理担当者、外部EAP*などに相談し、対応の指示を受ける］。	叱咤、激励や説教はしないで、「聞く」ことに専念する。

項目	担当	内容
⑤疾病性と判断、対処	上司もしくは本人	健康管理担当者に連絡・対応・相談。必要な情報をあらかじめ、提供しておく。メモなどにまとめておくとよい。できるだけ、記録に残すようにする。
⑥受診	上司、人事・労務担当者、健康管理室	必要に応じて、直接受診を勧める。 *危険性があると考えられるときは、ひとりにしないこと。 必要に応じて、家族に説明する（明らかに疾病性があるが、本人が受診を拒否するような場合、必要に応じて病識や問題認識がない場合、家族に連絡し、状況説明を行う）。
⑦受診結果の報告と対応	本人および家族	本人自ら受診する。家族の要付き添い。 1) 就業制限もしくは、就業措置の有無についての医師からの判断報告。 2) 服薬の必要性の確認。 3) 通院などの今後の必要な対応の確認。 会社内で、体制が整備されている場合は、マニュアルにそった対応を行う。
⑧本人の希望の確認	人事・労務担当者、健康管理室、上司	疾病などがある場合、就業についての希望を聞く。本人が、できない場合は、家族の意向を聞く。
⑨休職手続きへ	人事・労務担当者	1) 就業規則にそった手続きの実施。 2) 必要書類の提示依頼（本人および家族へ）。 3) 就業措置実施について、職場に通達する。 4) 上司、同僚への配慮と業務調整を行う。 5) 休職中の緊急連絡先・連絡者の決定と内容の確認。 2) については提出期限を明示。 5) については、特に重要。休職中の連絡対応者を誰にするか（本人、妻、親、兄弟、親戚など）について決めておく。連絡先、連絡方法など（電話かメールか：住所、自宅電話番号、携帯電話番号、メールアドレスなど）について確認しておく。
⑩教育	健康管理室もしくは（は外部講師依頼）	疾病への理解のための教育。定期的な教育を実施している場合は、不要。管理職教育のみ実施している事業所であれば、一般社員にも、疾病の基礎的な理解としての教育を実施するほうが好ましい。体制不備の会社は、体制づくりの機会とし、外部相談機関などからの助言をうけ、整備するとよい。

＊EAP…従業員支援プログラム（P69の注2参照）

主治医との連携

社員の休職などに関わる事項では、「連携」が重要です。特に専門機関との円滑な連携が、休職期間中の状況確認、復職準備、復職後の経過などに大きく影響するといえます。

ここでは、社員の受診に関わる診療情報提供依頼について詳しく説明します。

社員が専門医療機関に受診する際は、二種類のルートが考えられます。一つは直接、精神科・心療内科などを受診する場合と、もう一つは産業医からの紹介で受診する場合です。

直接、精神科などを受診する場合は、「本人が自分の悩みを職場関係者に知られたくない」あるいは「将来の人事考査を心配する」などの理由から、会社とは直接関係のない医療機関に直接受診することが多いようです。会社は、本人から提出された主治医の診断書で初めて心の病気に気づきます。主治医が医学的な判断を下すときには、診断・病状などの医学的要因に加えて、環境要因も判断材料になりますが、この際の根拠は診察と社員からの情報によるものになります。したがって、会社の実態を正しく反映しているとは限りません。そのため、発病からできるだけ早い時期に会社の人事・労務担当者や上司が主治医との面談を行い、必要ならば発病前の勤務状況などについて情報提供を行ったうえで、

治療状況や今後の見通しなどについて主治医の意見を聞き、連携を行うことが望ましいでしょう。

産業医からの紹介で社員が受診する場合は、初診の際に産業医から主治医に以下のような情報を提供してもらうことで、業務上の配慮を含めた健康管理対策に役立てることができます。

① 事業所内産業保健スタッフや管理監督者らのそれぞれの立場や役割
② 勤務上の配慮の実施状況
③ 病気休暇や職場復帰に関する会社の規則の有無、プライバシーの保護に関する事項の遵守状況

休業・休職の際には、主治医から診断書を出してもらい、それをもとに休職するかどうかを判断するわけですが、診断書の中身は定型化されていることが多く、その人の病状が診断書だけでつかめることは少ないでしょう。病名についても「抑うつ神経症」や「自律神経失調症」などとぼかして書かれていることがありますから、やはり、直接主治医に病気や治療についての情報をもらうことが必要になります。また、病状が落ち着いて復職のタイミングを図るころにも、主治医の意見は参考になります。

こういった場合には、通常「社員の健康管理に関する情報提供依頼書」「社員の健康管理上の配慮に関する主治医意見書」などの文書で主治医とのやりとりを行うことが望ましいとされています（後にその様式を示しますから、参考にして作成してみるとよいでしょう）。これらの文書でのやりとりは、産業医がいる会社であれば、それをもとに産業医がさまざまな助言や措置を行いますから問題はありませんが、産業医がいない会社だと、それらの文書をもらったとしても、人事・労務担当者がその内容を理解して、一人ひとりの休職者に合った具体的な取り組みを行うことは困難です。そのような場合には、主治医にアポイントをとって直接面談を行うのが効果的です。そのアポイントのとり方については、「面談の予約状」などを本人を通じて主治医に渡してもらったり、本人が次回受診の予約をとる際に、その旨を口頭で主治医に伝えるなどの方法があります。

これらの場合には、原則として、本人を含めての三者面談となります。会社側から直接主治医に面談を申し込むこともあるでしょうが、その際には、個人情報保護の観点から、本人の了解を得て、そのうえで面談することに留意しましょう。

○○病院精神科　　△△先生　御机下

　ご多忙中誠に恐れ入ります。
　また平素より弊社のメンタルヘルス推進活動にご理解とご協力をいただきありがとうございます。
　さて、このたびは弊社社員○○を御高診いただきありがとうございます。弊社では、社員の病気療養および職場復帰などに関しまして、人事課の私、△△△△が担当しております。
　つきましては、適切な療養のために必要なことや、スムーズな職場復帰への支援のために注意すべきことなどについて、先生よりご教示いただきたく存じます。必要ならば発病前の勤務状況や職場環境などについて、情報提供させていただきます。
　○○の次回診察時に私が同席させていただければ幸いに存じますが、診察外の時間であれば先生のご都合にあわせてうかがいますので、予約を入れていただきたく存じます。いずれの場合でも面談はすべて本人同席の下で行い、プライバシーについては十分配慮いたします。
　上記ご了解いただけましたら、その旨を本人○○にお伝えください。

　　　　　　　　　　　　　　　　平成○年○月○日
　　　　　　　　　　　　　　　　○○株式会社　人事課△△△

様式：面談の予約状

平成＿＿年＿＿月＿＿日

社員の健康管理に関する情報提供依頼書

　　　　病院
＿＿＿＿＿＿クリニック
＿＿＿＿＿＿＿先生　御机下

〒＿＿＿＿＿＿＿＿
＿＿＿＿＿＿株式会社
産業医＿＿＿＿＿＿＿＿＿印
TEL＿＿＿＿＿＿＿＿＿

　貴院に通院中の下記の弊社従業員の健康管理に際し、治療状況および職場適応について、別紙「社員の健康管理上の配慮に関する主治医意見書」により情報提供およびご意見をいただければと存じます。

　なお、いただいた情報は、本人の健康管理を支援する目的のみに使用し、特に保護を必要とする情報として産業医が責任を持って管理いたします。弊社は、本人の健康管理を適切に遂行する必要性から、産業医が就業上必要と判断する限りで、当該情報を健康管理に関わる者に、それぞれが職務を遂行する上で必要な範囲で提供することがあります。

　ご多忙のところ恐縮ですが、弊社の健康管理活動へのご理解とご協力をお願い申し上げます。

記

従業員
　氏名＿＿＿＿＿＿＿＿＿＿＿＿＿＿（　男　・　女　）
　生年月日＿＿＿＿年＿＿月＿＿日

（本人記入）
　私は本情報提供依頼書に関する説明を受け、主治医意見書の作成・産業医への提出について同意します。

　＿＿＿＿＿年＿＿＿月＿＿＿日　氏名＿＿＿＿＿＿＿＿＿＿印

「労働者のメンタルヘルス対策における地域保健・医療との連携のあり方に関する研究　精神科医師・医療機関のための職域メンタルヘルス・マニュアル」より一部改変。

様式：社員の健康管理に関する情報提供依頼書

社員の健康管理上の配慮に関する主治医意見書

＿＿＿＿＿＿＿＿株式会社
産業医＿＿＿＿＿＿＿＿先生　御机下

　　　　　　　　　　　　　　　　　＿＿＿＿＿＿＿病院・クリニック
　　　　　　　　　　　　　　　　　　医師＿＿＿＿＿＿＿＿印

　当院に通院中の下記患者につきまして、現在の治療状況は下記の通りですのでご報告いたします。
　今後ともご指導のほどよろしくお願い申し上げます。

　　　　　　　　　　　　　　　記

氏　名		男女	生年月日	S.H：　　年　　月　　日 　　　（　　　　歳）
診断・病状名				
残存する病状または、前景にある状態	1．抑うつ状態　　2．焦燥感　　3．不安　　4．不眠 5．やる気の低下　　6．自殺念慮　　7．怒りっぽい 8．気分の高揚　　9．食欲低下・体重減少　　10．幻覚 11．妄想　　12．アルコール問題 13．アルコール以外の薬物問題 14．その他（　　　　　　　　　　　　　　　　　　）			
新しい症状の発生	1．なし 2．あり 　具体的に（　　　　　　　　　　　　　　　　　　　）			
全体としての病状のコントロール	症状に関する全体的評価（初診時を100％とした場合） 1．80％以上残存：ほとんどコントロールできていない。 2．60～80％残存：コントロールが困難な状況である。 3．40～60％残存：コントロールはできているが、やや困難を伴う。 4．20～40％残存：概ねコントロールできているが、一部残存している。 5．0～20％残存：症状がまったくないか、あってもわずか。			
服薬などの治療へのコンプライアンス	1．主治医に相談せずに、服薬を完全に中断する。 2．主治医に相談せずに、服薬の一部を自己調整している。 3．主治医に相談した上で適切な服薬をしている。 4．不明。その他（　　　　　　　　　　　　　　　　）			

様式：社員の健康管理上の配慮に関する主治医意見書

予想される現時点での職場への適応度	業務内容への関心・理解 1．業務に関心を持つだけのゆとりはなく、仕事の話は避けるほうがよい。 2．業務に関心を持つだけのゆとりはあり、上司や同僚が仕事に関して話を少ししてもよい。 3．業務に自発的に関心を持っているが、一部理解できていないこともある。 4．業務に自発的に関心を持ち、上司や同僚の説明を理解できる。
	理解力・集中力（本・新聞を読む、あるいは業務に関連した資料を読むなどをした場合） 1．ほとんど集中できない。 2．少し集中でき、業務以外の簡単な読み物は理解できるが、業務関連の資料は理解できない。 3．集中でき、業務関連の資料の一部理解できる。 4．集中でき、業務関連の資料を概ね理解できる。
	職場内での人との交流 1．本人へは、十分な休息のため、話しかけないほうがよい。 2．あいさつや、手短かな所用などにとどめたほうがよい。 3．旧知人の間柄など気心知れた人に限定したほうがよい（キーパーソンのみ）。 4．職場内で平均的に交流することができる。 5．その他（　　　　　　　　　　　　　　　　）
	業務遂行能力 1．職場として受け入れられる最低限の業務遂行能力を満たさないと思われる。 2．職場として受け入れられる最低限の業務遂行能力を満たすと思われる。 3．職場として受け入れられる業務遂行能力を概ね満たすと思われる。 4．職場として平均的な業務遂行能力を満たすと思われる。 5．その他（　　　　　　　　　　　　　　　　　　　）

様式：社員の健康管理上の配慮に関する主治医意見書（つづき）

職場復帰への準備状況	患者の意欲 1．現時点では、職場復帰への関心を示さない。 2．職場復帰への関心を示すが、不安が強く迷っている。 3．職場復帰への意欲を示し、治療場面でも主治医と相談している（行動の変化はみられない）。 4．職場復帰への意欲を示し、主治医と相談しながら準備を始めている。 5．その他（　　　　　　　　　　　　　　　　　　　）
	職場復職に際しての機能の全体評価（患者の心理的、社会的、職場環境を総合して答えてください。なお、職場としての平均を100％とします） 1．0～20％：復帰は極めて困難である。またはわからない。 2．20～40％：復職は困難である。 3．40～60％：復職は可能だが、やや困難をともなう。 4．60～80％：復職は可能だが、困難も予想される。 5．80％～　：ほとんど問題なく職場復帰が可能だが、配慮は必要。
	機能回復の現時点での見通し（機能回復とは、職場として、平均的な業務遂行能力の8割程度の能力があるかどうかを基準として考慮してください） 1．見通しが立たない。または数年以上。 2．1年程度 3．約半年 4．1～3カ月 5．約1カ月 6．すでに機能回復の基準は達成している。
活用が有効と思われる職場復帰を支援するための制度（現時点で、事業所で利用可能なもの）	1．なし 2．患者に適切な制度が未整備 3．出勤トレーニングなどの段階的な出社制度 4．その他（　　　　　　　　　　　　　　　　　　　）

「労働者のメンタルヘルス対策における地域保健・医療との連携のあり方に関する研究　精神科医師・医療機関のための職域メンタルヘルス・マニュアル」より一部改変。

様式：社員の健康管理上の配慮に関する主治医意見書（つづき）

▼事例4

「こんないい会社、他にないのになあ。なんでうつ病になるのかわからない」

Dさん　三十五歳　男性

営業マンであるDさんの上司が、主治医のもとに面談に訪れた際の第一声は、「こんないい会社、他にないのになあ。なんでうつ病になるのかわからない」でした。会社の医務室の新米看護師と、産業医と、精神科主治医の三人で作戦を練り、いろいろな活動をすることにしました。まず産業医が衛生委員会を説得して、精神科主治医が管理職と一般社員向けのメンタルヘルス講演会を行い、衛生委員会と管理職に対しては、社内ネットワークの構築を依頼しました。そして上司のやるべきこと、人事担当者のやるべきことを丁寧に伝え、うつ病についての理解を深めてもらう活動を積み上げていきました。

半年後、Dさんが復職となったときには、なんとか受け入れ態勢を整えることができきました。

> **!ポイント**
>
> 後の章の「会社側の復職準備」でも述べますが、スムーズな職場復帰のためには、本人の病気の回復だけでなく、会社側、特に受け入れる職場の上司や同僚の理解が必要です。そのためには復職直前になって準備を始めても間に合いませんから、休職の段階から復職を見越して準備をしていかなければなりません。その準備としては、管理職や一般社員に対するメンタルヘルスの知識教育のほか、会社側の役割分担、対応の窓口の設定、職場の環境改善などが含まれます。

休職決定時の連絡手続き

休職が決定したら、必要な事務手続きについて本人や家族に示しましょう。事務手続きの書類や提出時期などについてはあらかじめマニュアル化しておくことをお勧めします。そして一連の手続き書類や、休職に至るまでの経過および面談記録、診断書、事実上の勤務管理表などは重要なので、一定期間きちんと管理しておきます。

また、休職中の連絡事項や連絡方法についても、文書にして本人や家族に渡しておくと、行き違いが起こりにくくなります。その目的は、本人に休職中の対応窓口を明確に示すことで、誰から連絡があるかわからない、あるいは誰に連絡したらよいかわからないといった不安を解消し、安心して療養できるようにすることにあります。もし上司や人事・労務担当者などが、それぞれの立場で個別に対応すると、同じ質問を何度もされることになったり、伝えられるニュアンスが微妙に異なったりして、本人が困惑・混乱することになってしまいます。窓口をしぼることは、会社側にとっても、情報がバラバラになることや、プライバシーの漏洩を防ぐメリットがあります。

また連絡は会社側からの一方通行でよいことを伝えておかなければなりません。そうで

ないと、会社に連絡をしなければならないと考えて、ゆっくりと療養することができなくなってしまいます。電話一本かけるにも本人にとっては負担なものなのです。

会社からの頻繁な連絡はタブーですが、休職中の一カ月に一回程度の定期面談は、治療を継続しているかのチェックや、回復の具合を確認するために必要です。しかし回復が進まず外出が困難であったりすると、面談を拒絶される場合もあります。その場合にも会社から家族を通じて状態を確認したり、返信不要の手紙という負担にならない形をとるなどして、本人が浦島太郎状態（とり残された状態）になったり、復職へのモチベーションが低下したりしないようにしなければなりません。

今後、休職中の窓口は○○が担当します。

　会社からは手続きなど必要なときのみ連絡しますが、その対応は、あなた自身でも、ご家族でもかまいません。

　またときどき職場の情報がメールなどで送られますが、療養の邪魔になるようでしたら、遠慮なくおっしゃってください。メールが送られてきても返事の必要はありません。

　もし事務的なことや気になることがある場合は、電話でもメールでも構いませんので、いつでもご連絡ください。長期出張などで不在でない限り、一両日中にはお返事できると思います。

　1カ月に1回程度、担当者が最近の様子について面談を行います。身体の調子や病気の治療のことなどについてお話を聞かせてください。この面談にはご家族がおいでいただいてもかまいません。

　担当者が主治医と面談（あなたを含めた三者面談）することが必要な場合は、事前にあなたの了解をいただいたうえで、あなたを通じて主治医に面談を申し込みますので、よろしくお願いします。

　ではゆっくりと療養なさってください。

様式：休職時の連絡文書

第四章 休職中の定期相談・面談

❦ 休職中の情報収集

先にも述べたように、休職は復職を前提として行われます。スムーズな復職のためには、休職中も本人の状況をみて会社側が定期的な関わりを持ち、治療や回復の具合を確認することが必要です。そのために、月一回程度、本人と会社側の担当者との定期面談を行うことが望まれます。これはあくまでも本人の了解を得て、適切にフォローすることを目的として行います。誰が面談を行うのかということについては、基本的には人事・労務担当者

がその役割を担うことになるでしょうが、休職者が話しやすい人を会社側のキーパーソンとして面談を行うことも考えられるでしょう。上司との関係が良ければ、上司でもかまいません。

定期面談の中で会社の担当者が得られる情報の中心は、「現在の状態」「治療の経過」「うつ病発症のきっかけは何か」「どれくらいの休職を希望しているのか」などです。しかし、場合によっては主治医からの意見を聞きたいことがあります。例えば本人が面談で話す回復具合と、面談の担当者が観察して感じられる印象との間に隔たりがある場合は、主治医からの意見が必要です。「主治医意見書」などを会社側で作成し、知りたい内容について答えやすい形式にして、意見聴取依頼を出すのも一手です。ただし、ここでも個人情報保護に十分留意して進めることが重要です。

産業医がいる会社なら、産業医を通じて本人や主治医から情報収集を行うのも一つの方法です。健康管理室などがおかれ、医療スタッフがいる会社なら、定期面談を医療スタッフに任せることも可能です。そのような場合にも、定期的なカンファレンスなどの機会をつくって、会社内で休職者の情報交換を行い、経過を共有していきましょう。

休職中の対応マニュアル

＊原則的に、休職中は、人事・労務担当者が関わりの中心となります。
＊疾病の程度によりますが、うつ病で休職している場合、信頼関係のできている人が関わるとよいでしょう。
＊入院などが必要な場合は、退院後しばらくは連絡を控えましょう。自宅療養の場合も、しばらくは連絡を控えましょう。

段階および経過	対応の担当者	具体的対応	注意すべき役割と対応のポイント
①休職開始	人事・労務担当者	休職手続き後、本人の所属を明確にする（休職中は、所属先が総務・人事課付けになっている会社が多い）。	体制整備
		必要な書類（診断書など）の提出の確認（不備の場合は、連絡する）。	これまでの面談記録や勤怠管理記録などまとめておくとよい。家族と離れて暮らしている人の場合は、緊急連絡先など連絡のとれる人に依頼する。
②休職中	人事・労務担当者	事務的な連絡 定期的な書類の発送（健康保険給付申請関係書類など）。 診断書提出依頼。	＊家族や本人との信頼関係にもよるが、療養を優先する。
＊定期面談	人事・労務担当者 健康管理担当者	＊休職期間もしくは診断内容によって、対応の方法は異なる。	うつ病の疾病の程度、休職期間、本人の希望、会社の体制などによって、定期面談を行わない場合がある。本人との人間関係や環境にも影響されることを理解する必要がある。

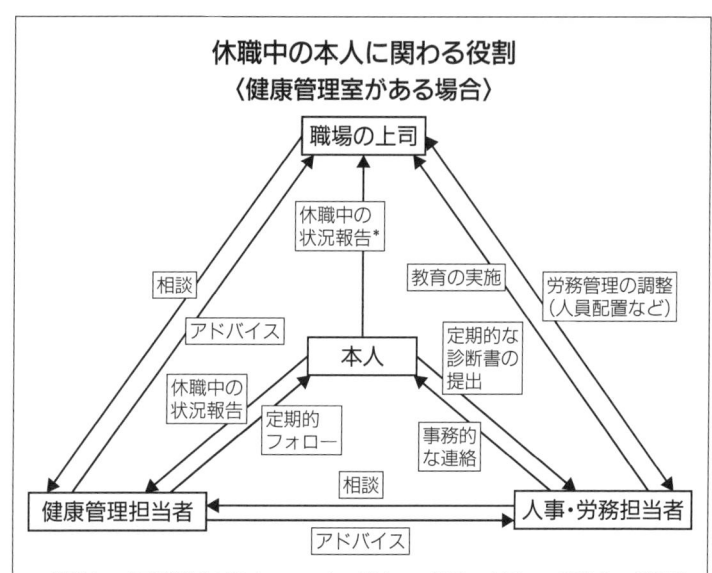

休職中の本人に関わる役割
〈健康管理室がある場合〉

```
                     職場の上司
                    ↑ ↓  ↑ ↓    ↑ ↓
           相談  休職中の  教育の実施  労務管理の調整
                 状況報告*              （人員配置など）
          アドバイス              定期的な
                                  診断書の
                      本人         提出
                  ↑ ↓  ↑ ↓
              休職中の
              状況報告   定期的    事務的
                        フォロー  な連絡
                         相談
      健康管理担当者 ←――――――→ 人事・労務担当者
                      アドバイス
```

＊休職中の人事管理先が決まっていない場合は、職場の上司に、休職中の経過報告など連絡をとっておくことも大切になる。

● **職場の上司**

メンタルヘルス不調のような慎重な対応を必要とする場合には、健康管理担当者からのアドバイスを参考にする。
休職に入った場合、基本的な対応は人事・労務担当者になる。健康管理室などがある場合は、この二者間（人事・労務担当者と健康管理担当者）の連携が中心となる。

● **人事・労務担当者**

上司や健康管理担当者と連携して、休職中の状況を確認する。
本人が復職を希望する場合は、その可能性を検討する際の中心的な役割を務め、判断を行う。
復職に向けて、必要な情報を整理しておく。
復職配置については、事前に配置職場と連携をしたり、健康管理室からのアドバイスをもとに、計画しておく。

● **健康管理担当者**

復職を意識した定期的なフォローを行う。産業医との面談を設定し、同席する。
復職に必要な情報のアドバイスを提示する。

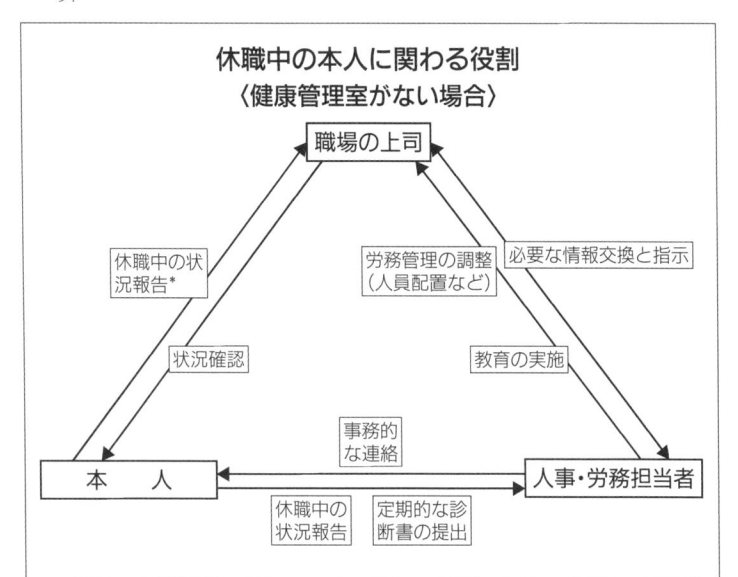

休職中の本人に関わる役割
〈健康管理室がない場合〉

```
                    職場の上司
                   ／        ＼
         休職中の状況報告*     労務管理の調整    必要な情報交換と指示
                            （人員配置など）
             状況確認            教育の実施
           ／                              ＼
       本　人  ←― 事務的な連絡 ―→  人事・労務担当者
              休職中の  定期的な診
              状況報告  断書の提出
```

＊休職中の人事管理先が決まっていない場合は、職場の上司に、休職中の経過報告など連絡をとっておくことも大切になる。

● **職場の上司**

メンタルヘルス不調のような慎重な対応を必要とする場合には、健康管理担当者からのアドバイスを参考にする。

休職に入った場合、基本的な対応は人事・労務担当者になるため、連携が必要になる。

● **人事・労務担当者**

上司と連携して、休職中の状況を確認する。

本人が復職を希望する場合は、その可能性を検討する際の中心的な役割を務め、判断を行う。

復職に向けて、必要な情報を整理しておく。

復職配置については、事前に配置職場と連携をしたり、外部専門機関の意見を参考にして計画しておく。

定期面談の目的と内容

休職中の定期面談の際には、何を話せばよいのでしょうか。

定期面談の目的は、十分に休養がとれているか、きちんと治療を継続しているか、回復の具合はどうかなどについて本人に確認し、それらが十分でない場合は適切な助言を行うことにあります。

とはいえ、いきなり病気の話をするのではなく、まずは話しやすい雰囲気づくりが大切です。本題に入る前に、ちょっとした雑談（天気の話など）をして気持ちをほぐすこともよいですし、まずは「体調のほうはどう？」「寒くなってきたけど、風邪引いてないかい？」などと体調について配慮することも、その後の話をスムーズに進めるためのコツです。

話す内容としては、睡眠や食欲などうつに関係する身体症状についてと、治療の経過、日中の活動の様子など、生活リズムの確認が中心となります。特に治療が中断してしまっていたり、服薬が守られていなかったり（飲まなかったり、自分で減らして飲んでいるなど）した場合には、その理由を尋ね、治療の継続や、主治医への相談を勧めなければなり

ません。休職には、病気療養という理由があるわけですから、病気から回復するための治療を怠ったのでは、休職している理由もなくなってしまいます。生活リズムについては、休職の初期は身体的にもつらく、疲労感も取れていない状態ですから、ある程度眠ってゆっくり過ごすことが大事ですが、症状が改善してきたら、リズムのある生活を送ることも回復のために重要なことです。そして回復の度合いを本人に判定してもらい、良くなってきていることを意識できるようにすることもよいでしょう。

しかし言うまでもないことですが、本人を焦らせたりプレッシャーを与えたりするような言葉かけは厳禁です。

休職中の定期面談のポイント

定期面談で話すことリスト

- 病院には通っている？
- お薬のほうはどんな具合？（副作用などを含む飲み心地など）
- よく眠れている？（起床・就寝時刻、熟眠感・昼間の眠気）
- 食欲はある？（おいしく食べられるか）
- 気分はどう？
- 日中はどんなふうに過ごしている？
- 本来の状態が 100 ％だとすると、今どれくらい？

言ってはいけない言葉リスト

- だいぶ顔色も良くなったようだけど、そろそろ仕事できるんじゃない？
- あんまり休むと仕事に戻れなくなるぞ。
- みんな君の分も頑張っているんだから、早く戻ってきてくれ。

家族との関係づくり

　休職中の本人のサポーターとなる家族との関係もまた重要です。定期面談の際に家族に同席をお願いすることも、正しい情報を収集するために役に立ちます。しかしそのときには家族に対して丁寧にお願いする態度が必要になります。会社側が本人のことを心配しており、そのために一緒に協力してやっていきたいという気持ちを伝え、家族の協力を得られるようにしなければなりません。

　家族が会社に来てくれることになった場合には、応対する者は、丁寧にあいさつし、感謝の意を伝え、言葉遣いや接し方も丁寧なものでなくてはなりません。そして家族を通す部屋も、事務所の片隅のような場所ではなく、応接室などそれなりの場所を準備しましょう。

　家族との面談では、家族というサポーターに対する配慮を行いながらコミュニケーションをとり、会社側と良い連携がとれるように関係づくりを行っていきます。家族も心労を抱えている場合が多いので、その大変さをねぎらうような一言をかけるようにすると、家族は随分と気持ちが和らぐので、信頼関係を築きやすくなるでしょう。

家族との関係づくり

定期面談で家族に同席を頼むとき

- ご本人の自宅での様子も含めて、お聞きしたいのです。
- ご家族にもご協力いただいて、ご本人の復職をよりスムーズにできるとよいと思いますので。

家族への言葉かけの例

- ご家族が一番の味方ですから、話を聞いてあげてくださいね。
- 会社としてもできるだけサポートしていきますから、何かあればご連絡ください。
- ご家族も無理をなさいませんように。

第五章 職場への復職希望と会社側の復職準備

❀ 職場への復職希望

一般的には、本人からの復職願に主治医の復職可能の診断書を添付したものを、会社側に提出したところで、復職への正式なプロセスが始まります。しかし正式な書類の提出だけでなく、本人から復職についての打診があって、職場と事前に調整ができると、より円滑に復職ができます。そのためにも、休職中に定期的な面談を通してコミュニケーションをとっておくことが望ましいでしょう。必要なら復職準備のための予備面接を設定しても

よいでしょう。そこでは本人の復職の意思と意欲を確認することが主な目的です。チェックポイントとして重要なのは、「焦り」から復職を希望しているのか、心理的余裕を持って復職希望をしているのかという点です。心身の状態が安定しているか、心理的負荷に対する抵抗力・回復力があるかなども重要です。

また、主治医からの復職可能の診断書だけでは復職を判断する材料として不十分であることが多いので、会社側（産業医がいる場合は産業医を通して）から主治医に対して、病状照会や職場復帰に関する具体的な情報提供依頼をすることも必要です（それらの様式については次の図を参照）。

定期面談の中で、本人から復職についての希望が語られる時期になったら、面談の担当者は本人とともに休職に至った原因や問題点などを洗い出す作業をしておくこともよいでしょう。この作業は、本人にとっては再発を防ぐために重要なポイントとなりますし、会社側にとっては復職のためにどんな準備が必要かを検討するときのヒントになります。問題を整理するために「復職にあたって考えておくことリスト」を示して、担当者が一緒に考えていくことができるとよいでしょう。

平成＿＿年＿＿月＿＿日

社員の職場復帰に関する情報提供依頼書

＿＿＿＿＿＿＿病院
＿＿＿＿＿＿＿クリニック
＿＿＿＿＿＿＿＿＿＿先生　御机下

〒＿＿＿＿＿＿＿＿
＿＿＿＿＿＿＿株式会社
産業医＿＿＿＿＿＿＿＿＿＿印
ＴＥＬ＿＿＿＿＿＿＿＿＿＿

　日頃は弊社の健康管理活動にご理解とご協力を賜り感謝申し上げます。

　弊社の下記従業員の復職判定の確認をしております。つきましては別紙「社員の職場復帰に関する主治医意見書」により情報提供およびご意見をいただければと存じます。

　なお、いただいた情報は、本人の職場復帰を支援する目的のみに使用し、プライバシーに十分配慮しながら産業医が責任を持って管理いたします。

　今後とも弊社の健康管理活動へのご理解とご協力をお願い申し上げます。

記

従業員
　氏名＿＿＿＿＿＿＿＿＿＿＿＿＿（　男　・　女　）
　生年月日＿＿＿＿年＿＿月＿＿日

（本人記入）
私は本情報提供依頼書に関する説明を受け、職場復帰に関する主治医意見書の作成・産業医への提出について同意します。

＿＿＿＿＿年＿＿＿月＿＿＿日　氏名＿＿＿＿＿＿＿＿＿印

「労働者のメンタルヘルス対策における地域保健・医療との連携のあり方に関する研究　精神科医師・医療機関のための職域メンタルヘルス・マニュアル」より一部改変。

様式：社員の職場復帰に関する情報提供依頼書

社員の職場復帰に関する主治医意見書

対象従業員	氏名		男女	生年月日	年　　月　　日（　　歳）

現在気になる病状または病態像	1．ゆううつ　2．イライラ　3．やる気のなさ 4．不眠　5．食欲低下または体重減少　6．自殺念慮 7．気分の高揚　8．怒りっぽい　9．幻覚　10．妄想 11．アルコール問題　12．アルコール以外の薬物問題 13．その他（　　　　　　　　　　　　　　　　　　　　）
職場への適応度	業務内容への関心・理解 1．上司や同僚との話し合いでも関心を示さない 2．自発的には関心を示さないが、上司や同僚との話し合いにより関心・理解を示す 3．自発的に関心を持つが、一部理解していない点がある 4．自発的に関心を持ち、上司や同僚の説明を理解している
	理解力・集中力（業務に関連した資料を読むなどする場合） 1．ほとんど集中できない 2．少し集中でき、業務以外の簡単な読み物は理解できるが、業務関連の資料は理解できない 3．集中でき、業務関連の資料を一部理解できる 4．集中でき、業務関連の資料を概ね理解できる

就業上の配慮に関するご意見（具体的にお願いします。また今後の見通しについては記入例のように各配慮ごとに期間の目安をお示しください）	現在（　　年　月　日） 残業（禁止・制限　H） 休日勤務（禁止・制限） 交代勤務（禁止・制限） 出張（禁止・制限　　） 就業時間短縮（　　　） 休業 その他（　　　　　　） （　　　　　　　　　）	2週間後	1ヵ月後	2ヵ月後	3ヵ月後	6ヵ月後	1年後
	(記入例：○○制限)　　　　（1ヵ月後に開始し1ヵ月間制限する場合）							
	作業・業務内容に関するご意見（関連する事項に関してご記入ください） ・高所作業等危険作業：不可・補助業務程度・2名以上で・単独作業可・不明 ・重機の運転操作など：不可・補助業務程度・2名以上で・単独作業可・不明 ・自動車の運転：不可・通勤程度なら可・配送などに従事可・不明 ・その他（　　　　　　　　　　　　　　　　　　　　　　　　）							
	(特記事項など)							

「労働者のメンタルヘルス対策における地域保健・医療との連携のあり方に関する研究　精神科医師・医療機関のための職域メンタルヘルス・マニュアル」より一部改変。

様式：社員の職場復帰に関する主治医意見書

復職にあたって考えておくことリスト

1. どういった理由で、休職することになったのでしょうか？
   〈自分のストレスを振り返る〉

   [   ]

2. 今後、復職にあたって、どのようなことが気になりますか？　どのようなことが不安ですか？
   〈自分のストレスに気づく〉

   [   ]

3. 今後、職場でのストレスには、どのように対処していけばよいでしょうか？
   〈ストレスコーピング〉

   [   ]

4. どうすれば、再び調子が悪くならないですむでしょうか？
   〈再発サインとは？〉

   [   ]

会社側の復職支援チーム

本人から復職希望が提出された段階で、会社側も復職準備を整えていくことになりますが、重要なのは「復職を支援するチームで対応する」ということです。担当者一人が抱えていても復職のプロセスはうまくいきません。では復職支援チームとして、どのような人がどのような形で進めることが適切なのでしょうか。

まず、チームの構成員としては、定期面談などで継続的な関わりを持っている担当者、あるいは休職者が話しやすいキーパーソン、そして人事・労務担当者、衛生管理者、衛生推進者などが最低限必要でしょう。さらに産業医がいたり健康管理室がある職場であればそれらの医療スタッフが、また産業保健推進センター(注1)や、EAP(注2)など外部の支援を受けられるのであればそれらの外部スタッフが加わって、復職支援チームとして対応します。チームでの検討事項は、復職の時期や、復職に向けてのトレーニングの必要性、トレーニングが必要と判断されれば、それを社内で行うのか、社外機関と連携して行うのかを決定します。社内で行う場合はその担当者や内容、期間について確認を行います。社外機関を利用するのであれば、定期的にトレーニング経過や回復状況などの情報を知らせてもらうよ

うに連携をとっていきます。

また職場側の受け入れ態勢を整えておくことも必要になりますから、受け入れる社員側への対応教育を実施することも検討しなければならないかもしれません。

注1…産業保健推進センター（http://www.rofuku.go.jp/sanpo/index.html）「独立行政法人　労働者健康福祉機構」が全国四十七都道府県に設置している機関。産業医や企業の衛生管理者に対して、産業保健に関する窓口相談・研修などを行っている。メンタルヘルス不調の予防から職場復帰支援まで、職場におけるメンタルヘルス対策についての総合支援窓口として、各都道府県産業保健推進センター内に「メンタルヘルス対策支援センター」（厚生労働省委託事業）を設置している。

注2…EAP＝employee assistance program（従業員支援プログラム）。会社がメンタルヘルス専門サービス機関と契約して、従業員の心の健康管理を外部委託するシステム。従業員に対するストレスチェックやメンタルヘルス研修の実施、従業員に対するカウンセリングや、管理監督者、人事労務担当者に対するコンサルテーション、復職支援プログラム作成などのサービスを行う。

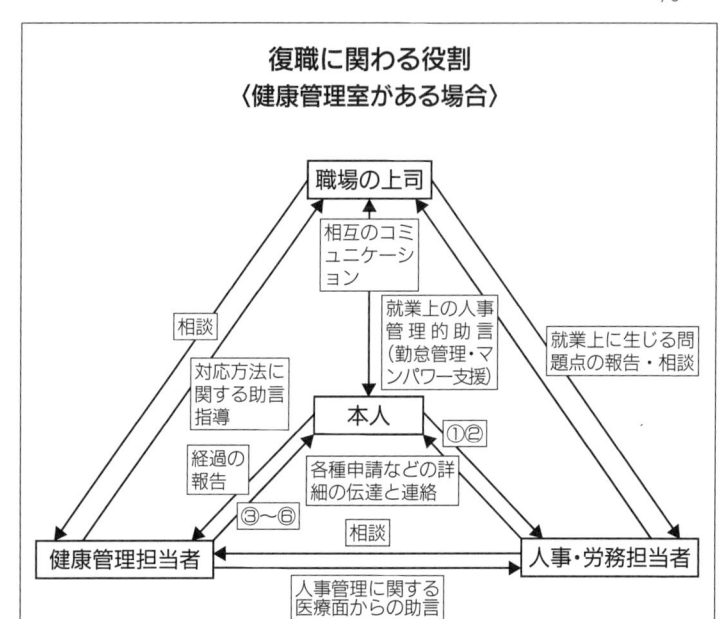

復職に関わる役割
〈健康管理室がある場合〉

```
                    職場の上司
                  ↑         ↑
              相互のコミュ
              ニケーション
        相談                    就業上の人事
                                管理的助言      就業上に生じる問
        対応方法に                (勤怠管理・マ    題点の報告・相談
        関する助言                ンパワー支援)
        指導
                    本人    ①②
              経過の    各種申請などの詳
              報告      細の伝達と連絡
              ③〜⑥
    健康管理担当者  ←   相談   →  人事・労務担当者
                    人事管理に関する
                    医療面からの助言
```

①現状報告、就業への意欲と希望の申告
②必要書類の提出、医療の継続報告

③復職に向けての医療的な面での復職判定
④安全な就業への助言
⑤定期面談の実施
⑥復職に向けて支援内容の計画立案

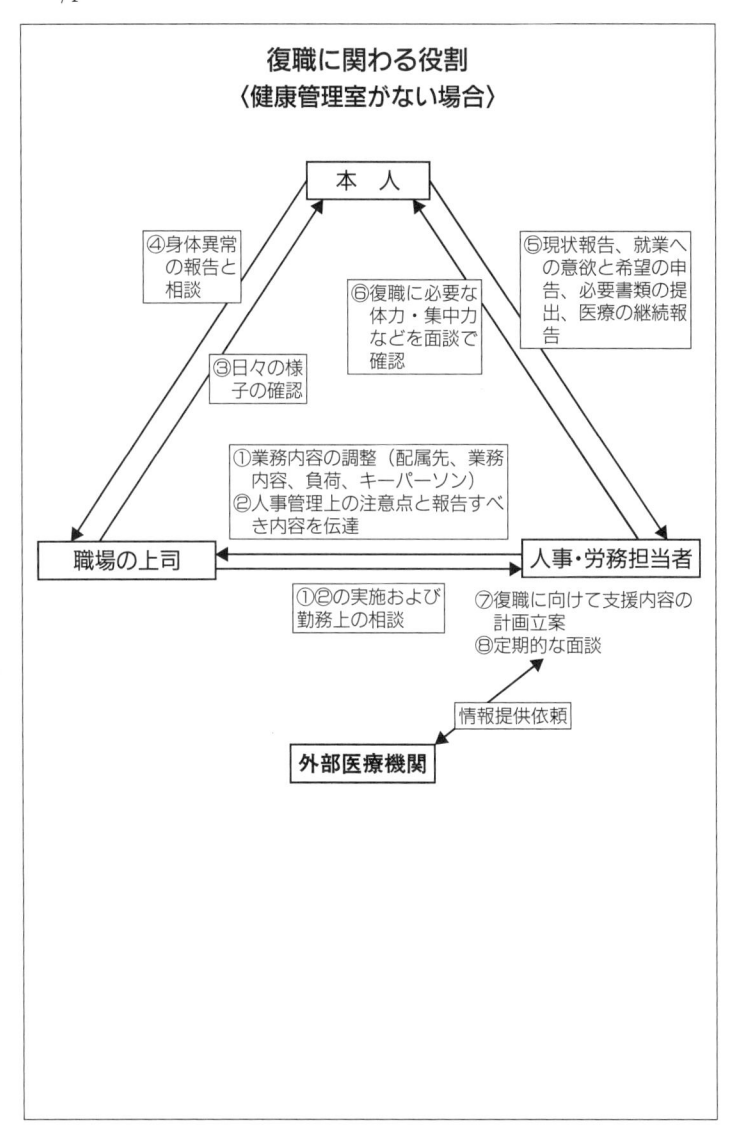

復職に関わる役割
〈健康管理室がない場合〉

```
                          本 人
                        ▲  ▲  ▲
                       ╱   │   ╲
       ④身体異常      ╱    │    ╲     ⑤現状報告、就業へ
       の報告と      ╱     │     ╲    の意欲と希望の申
       相談        ╱  ⑥復職に必要な ╲   告、必要書類の提
                 ╱   体力・集中力   ╲  出、医療の継続報
                ╱    などを面談で    ╲ 告
                ╱     確認           ╲
               ╱                      ╲
              ╱    ③日々の様           ╲
             ╱     子の確認             ╲
            ╱                            ╲
           ╱  ①業務内容の調整（配属先、業務 ╲
          ╱   内容、負荷、キーパーソン）     ╲
         ╱    ②人事管理上の注意点と報告すべ    ╲
        ╱     き内容を伝達                    ╲
  職場の上司  ◀──────────────────────▶  人事・労務担当者
                  ①②の実施および    ⑦復職に向けて支援内容の
                  勤務上の相談      計画立案
                                  ⑧定期的な面談

                                    │ 情報提供依頼
                                    ▼
                                外部医療機関
```

復職に関わるマニュアル

段階および経過	対応の担当者	具体的対応	必要な書類・関連書類
①復職の希望の提示	人事・労務担当者	1) 面談 復職意欲に関する意思の伝達。	
②復職判定のための準備	人事・労務担当者、健康管理室、職場責任者	2) 主治医からの診断書（チェックリスト）判定となる詳細な意見書を主治医に依頼。	復職にむけたチェックリスト表 主治医からの診断書（復職可能の確認書） スケジュール管理表
	人事・労務担当者、職場責任者	3) 職場配置の検討。 面談結果、就業環境を整備し、配置への検討。 業務内容を作る、適切な作業を洗い出す。	
	人事・労務担当者、職場責任者	4) キーパーソンの配置。 復職環境整備として、全面的なフォロー可能な人材の調整。 コミュニケーションが取りやすい人材の選出。	
	人事・労務担当者、健康管理室	5) 定期就業面談の実施。 だれが、どんな間隔で、面談するか。 就業上における総合的な傾聴をする。 段階的な自信回復への支援。	
	人事・労務担当者、職場責任者	6) キーパーソンおよび職場とのうち合わせ。 主体でフォローするくみづくり。 再発の早期発見と対応。	
	人事・労務担当者	7) 出社形態の決定（就業規則に基づく）。 フルタイム出勤、半日勤務など。	

③復職面談の実施（休職期間中に実施） 復職までに3週間の猶予期間を設ける	人事・労務担当者、健康管理室、職場責任者	1) 本人への連絡および実施。 2) 家族を含めた面談の連絡および説明。家族に支援してほしい事項の連絡を受ける。家での様子など、第三者的な意見を聞く。 3) 復職に向けた過ごし方を記録。リワークで実施した記録表も可。時間的な自己管理をさせ、体力をつける。	面談内容の記録（この面談で、休職延長となることもある）
④復職判定の結果、休職を必要と判断時	人事・労務担当表、健康管理室、職場責任者	自宅療養にもどる。	
⑤配属先の決定（復職が可能と判断時）	人事・労務担当者、職場責任者	1) 面談結果より、就業できそうな配置先を決定。業務内容の確認（判断、決定などの業務はさせない。軽度の体を動かす作業や、簡単な事務作業などからはじめる）。	就業管理措置表・就業制限書など
⑤最終面談	人事・労務担当者、健康管理室、職場責任者	1) 復職前の時間管理・体力の程度を判定。 2) 就業についての意思確認。 3) 家族支援の依頼。 4) 通院と服薬の継続と、受診への配慮。 5) 配属先・就業内容の連絡と上司紹介。	面談内容の記録
⑥復職日の連絡	人事・労務担当者、健康管理室、職場責任者	1) 出社日・出社場所の連絡。 2) 復職オリエンテーションの実施。	スケジュール管理表
⑦定期面談の実施	人事・労務担当者、健康管理室、職場責任者	1) チェック表をもとに気力・体力の程度を見る。 2) 異常の早期発見と適切な対応の実施。	スケジュール管理表
⑧担当者打ち合わせ	人事・労務担当室、職場責任者	1) 就業における問題点などについて話し合う。 2) 経過報告会。 3) 業務内容の検討を総合的に実施する。	

復職を受け入れる職場の環境づくり

復職には、復職する人だけでなく、復職を受け入れる職場側の体制を整えておくことが非常に重要になります。うつになった人が引け目を感じないですむような職場の雰囲気づくりが不可欠ですし、復職したときの仕事内容やフォロー体制などを明確にしておくことなども、復職の際の安心感につながるでしょう。

まず、職場の同僚にどのように説明するかは、復職する本人の希望を聞いて進めることが必要です。本当の病名は伝えたくないという場合にも、職場内では何らかの説明を行ってコンセンサスを得ておかなければ、無用な詮索を行うことになりかねません。病気であっても職場のチームの一員であるという意識で扱うことは、復職をスムーズに進めるための体制づくりの第一歩です。

そして、受け入れる職場側の社員が安心して本人に対応できるようにしておくことも重要です。おそらく受け入れる社員にも、腫れ物にさわるような態度はよくないという認識くらいはあるでしょうが、どう言葉をかけていいのかわからなかったり、自分が何か話したことでまた不調に陥ったらどうしようなどと不安に思ったりすることの方が多いのでは

ないでしょうか。だからこそ、受け入れる職場側の社員に対して、必要最低限の病気の説明と、対応についての具体的アドバイスが必要になります。

うつ病について理解してほしいポイントとしては、ストレスの強い環境に置かれれば、誰でもかかりうる病気であること、心の症状のほか、身体にも症状が現れること、休養と治療によってよくなる病気であること、回復は一直線に良くなるわけではなく、行きつ戻りつしながら回復すること、周囲の人も病気を理解して穏やかにサポートしてほしいことなどがあげられるでしょう。

復職を受け入れる側の対応教育
〈病気の理解〉

うつ病について

　うつ病に対して「心の弱い人がかかる病気」「気の持ちようで治る」などと誤解している人も少なくありません。しかしうつ病は今や全人口の10〜15％が一生のうちに経験すると言われている病気であり、ストレスの強い環境に置かれれば、誰でもかかりうる病気です。うつ病は心身のエネルギーが消耗した状態であり、抑うつ気分や意欲・集中力の低下、悲観的な思考などの心の症状のほか、頭痛、肩こり、めまい、不眠、倦怠感など身体にも症状が現れることがあります。これらのうつ病の症状は休養や適切な治療によって改善していきますが、経過の中では良くなったり悪くなったりを繰り返しながら、徐々に回復していくのが一般的です。本人は少し気分が良くなると急に行動を起こすことがありますが、周囲の人は本人が焦って急に頑張りすぎないように、落ち着いた構えでいることが大切です。重要な決定事項はうつ病が良くなるまで先送りにして、無理のない生活を送れるようサポートしましょう。

職場の社員がうつ病についての理解を深めることは、メンタルヘルス教育の上でも重要なことですが、その具体的対応や言葉かけについてはなかなか理解されず、復職を受け入れる際にとまどうことも少なくありません。しかし対応や言葉かけについての基本は単純で、自分が言われたくないことは言わないということです。例えば自分が胃潰瘍で入院し、休職後復職する立場だったと考えてみてください。復職をしたときに、職場の人から、どんな症状だったのか、どんな治療をしたのか、なぜ病気になったのかなど、病気のことを根掘り葉掘り聞かれたらうんざりしてしまうでしょうし、頑張れ頑張れと必要以上に励まされるのもプレッシャーでしょう。むしろ「無理しないで」とさりげなく声をかけられるくらいがちょうどよいと感じるのではないでしょうか。復職者を受け入れる職場の同僚にもそのように伝えると、うつ病による休職・復職者に対する構えが少しは和らぐかもしれません。「心の病気だからとあまり難しく考えず、天気のことやテレビや新聞のニュースなどの話題で雑談することから始めてみましょう」と、まずは復職者との関係づくりを行うよう勧めるのもよいのではないでしょうか。

あいさつや何気ない声かけというのは、復職者だけではなく、通常勤務している社員にとっても、職場の雰囲気や風通しを良くする潤滑油のようなものです。普段から職場内で

良いコミュニケーションがとれるよう気をつけておくことは、職場の上司にとって、重要なことといえるでしょう。

復職を受け入れる側の対応教育
〈復職者への言葉かけ〉

●良い例

- おはようございます（まずあいさつ）
- 今日も寒いですね。体調はどうですか？
- 少し慣れましたか？
- 疲れませんか？
- ちょっと休憩しませんか？
- よかったら一緒にお昼食べませんか？
- 手が空いたのでお手伝いしましょうか？
- 慣れるまで大変ですけど、無理しないでくださいね。
- 無理せず、ゆっくりね。

●悪い例

- 病気は何なの？　どんな病気？　薬は？
- 気の持ちようで何とでもなるさ。
- 君が休んでいる間は大変だったよ。
- また休むことのないようにしてね。
- 君はいいなあ。軽い仕事ばかりで。
- 頑張って！

第六章 復職トレーニング

🍀 出社トレーニング

復職時期のめどが立っても、いきなり復職した日から丸一日の勤務をすることは、それまで自宅で療養していた人にとっては大変負荷のかかることです。そのため、復職のためのトレーニングを行うことが望まれます。会社で行う復職トレーニングには、その時期によって二種類あります。

その一つは、出社トレーニングです。これは休職中に行われるもので、その目的は徐々

第六章　復職トレーニング

に負荷を増やし、自信をつけて不安を軽くすることにあります。出勤のためのトレーニングですから、その内容は会社に来て帰るだけというもので業務に関わることは行いません。最初は午後から本人のスケジュールに合わせて出勤してもらい、徐々に午前中の通常の出社時間に通勤する訓練を行うことが多いでしょう。

このような出社トレーニングは、全日勤務を前提とした復職が可能と判断され、本人が出社トレーニングを希望する場合に行うことができます。出社トレーニングを会社の制度として行う場合には、出社にかかる交通費や、出社途中の事故などが発生した場合にどうするかなどについて決めておくことが必要です。休職中には労働災害保険が適用されませんから、別途傷害保険に加入することが必要になるかもしれません。なお、出社して何らかの業務をさせる場合には、その分の賃金が最低額からでも発生することにも注意してください。

出社トレーニングを行う際には、本人の生活リズムが整っていて、自分でスケジュール管理ができていることが前提です。その確認のためには、休職の後半から一日のスケジュール管理表をつけてもらい、定期面談などの際にチェックできるとよいでしょう。

1日の過ごし方チェック表

日時		一日の過ごし方	自己評価（／10点満点中）			
	時間	6 7 8 9 10 11 12 13 14 15 16 17 18 19 20 21 22 23 24 1 2 3 4 5	気分	体力・運動	疲労感	自覚症状
例 4/20(月)		睡眠　通院　食事　睡眠　食事 入浴 TV　睡眠　TV	4	1	10	頭痛
／	(月)					
／	(火)					
／	(水)					
／	(木)					
／	(金)					
／	(土)					
／	(日)					
／	(月)					
／	(火)					
／	(水)					
／	(木)					
／	(金)					
／	(土)					
／	(日)					

慣らし勤務トレーニング

会社で行うことのできるもう一つの復職トレーニングは、職場復帰後に行うトレーニングです。これは、職場復帰をしてもいきなり通常の八時間勤務を行うのはハードルが高いため、徐々に通常の勤務に慣れることを目標として行います。最初は数時間から半日の範囲で勤務時間を設定し、二週目、三週目と徐々に勤務時間を増やしていきます。これによってソフトランディングが可能になり、無理のない職場復帰をすることができるといえます。この方法であれば、正規の職場復帰をした後であるため、交通費や賃金の問題、労働災害保険などの問題はクリアできます。

しかしこの場合には、労働時間分しか賃金が支払われない場合があったり、勤務時間短縮のために、遅刻や早退あるいは有給休暇として処理されたりすることがあることを考えるとデメリットもあると言わざるをえません。休職中であれば、傷病手当として給与月額の三分の二が支給されていたものが、復職してトレーニングのために勤務時間短縮をすると、かえって受け取れる額が減ってしまうという状況が起こることもあるわけです。それなら、有給休暇として遅刻・早退として処理される場合、給与に反映されるでしょう。

処理するならよいかというとそうとばかりはいえません。復職後の医療機関受診の際には、有給休暇を取得して通院しなければなりませんから、できるだけ有給休暇はそのまま残しておきたいということもあるでしょう。

そのようなことを考えると、復職トレーニングの方法や期間については、いろいろな面から十分に検討し、本人とも話し合って決める必要があります。

▼事例5 「半日勤務という制度はうちの職場にはありません」 Eさん 五十二歳 男性

ようやくうつ病から回復した公務員のEさんは、復職にあたって短時間勤務から慣らしたいと考えていましたが、人事課で働いていたこともあり、職場に半日勤務という制度がないことはよくわかっていました。職場の上司も「半日分年休をとることは可能ではあるが、年休がもうあまり残っていなくて……」と困惑していました。部長からは「もっと休ませて、完全に回復してから出勤させてほしい」という意向まで届く始末でした。幸い、保健センターの保健師と連携でき、保健師から、可能な範囲で、半日勤務から開始できることになって職場に事情を話したところ、可能な範囲で、半日勤務から開始できることになりました。その後Eさんは無事通常勤務まで回復することができました。

> **❗ ポイント**
>
> 復職トレーニングをどのように行うかは、それぞれの会社の就業規則がどのようなものであるかによって違ってきます。就業規則に沿いながらも、本人の復職がスムーズに運ぶような復職のためのプランを立てることが重要になります。
> 特にうつ病など心の不調による休職の場合は、身体疾患と違って、百パーセント完全に治って復職してくるということは難しいので、何らかの形で慣らし勤務をしてから通常勤務に移行していくことが不可欠です。人事・労務担当者と健康管理担当者が連携して、復職のための最適プランを立てるための中心的な役割を担いましょう。

社外の復職トレーニング

復職トレーニングにはもう一つ方法があります。それは外部の機関を利用して行うリワーク支援です。例えば、医療機関が行っている外来作業療法や復職のためのデイケア(注3)、地域の精神保健福祉センター(注4)などで行っているうつ病デイケア、地域障害者職業センター(注5)などが行っているリワークプログラムなどです。

それらの外部機関を利用する場合は、まだ復職が確定していないが、復職までに生活リ

注3…うつ病のリワークなど復職デイケアを行っている医療機関については、うつ病リワーク研究会のホームページ（http://www.utsu-rework.org/index.html）を参照。

注4…精神保健福祉センターは「精神保健及び精神障害者福祉に関する法律」に基づいて、各都道府県（指定都市を含む）に設置されている。精神保健福祉に関する普及啓発や調査研究、精神保健福祉相談など、さまざまな機能を持っているが、その取り組みはそれぞれのセンターによって異なっている。診療機能やデイケア機能などのあるセンターもある。詳細はホームページ（http://www.acplan.jp/mhwc/centerlist.html）参照。

注5…地域障害者職業センターは「独立行政法人 高齢・障害者雇用支援機構」が障害者雇用促進法に基づいて、全国四十七都道府県に設置している機関。精神障害者に対する専門的職業リハビリテーションや事業主に対する雇用管理に関する専門的な助言や支援を行っている。施設の一覧は、ホームページ（http://www.jeed.or.jp/jeed/location/loc01.html#03）参照。

ズムを整えたいとか、あと一歩集中力をつけたいなど目標が明確であるとよいでしょう。
また社会性の学びなおしなどが期待される場合もあるでしょう。

復職デイケアやリワークプログラムなどはさまざまな内容のプログラムがありますが、多くはスケジュール管理表などを用いて、生活リズムの安定や体調管理を行いながら、集中力を養うための事務課題や、単純な作業訓練、体力強化のためのスポーツ、リラクゼーションプログラムなどを取り入れています。また利用者同士が休職に至った経過や自らのストレスマネジメントについて振り返って話し合うグループワークや、悲観的な考え方を修正する認知行動療法(注6)、適切な自己主張の方法を学ぶアサーショントレーニング(注7)、対人関係場面をロールプレイで練習するSST(注8)など、より専門的な技法を用いてリワーク支援を行っている機関もあります。

これら外部機関を利用しての復職トレーニングは、会社の制度などに縛られず、それぞれの回復度や性格など特徴に合わせた柔軟な対応が可能で、より専門的な支援を受けられるというメリットがありますが、会社側からはトレーニングの内容や本人の状態が見えないというデメリットもあります。これらの問題を解消するためには、会社側からも積極的にそれら外部機関と連携をとるように努めることが肝要です。

第六章　復職トレーニング

注6…うつ病の人は、物事のとらえ方や考え方、イメージ（これらを認知という）などに偏りがあることが多い。認知行動療法はそのような認知のクセに自分で気づき、別の考え方、柔軟な対応ができるようにしていく心理療法の一つ。認知行動療法を実施している機関についての情報は、ホームページ（http://psych-toolbox.hp.infoseek.co.jp/CBT/kikan.html）を参考に、各機関に問い合わせを。

注7…うつ病の人の中には、断ることがうまくできずに、自分ができる以上の仕事を引き受けてしまうことが原因で、病気を発症したり、悪化させてしまう人がいる。アサーションとは、お互いの気持ちや権利を尊重しながら、自分の気持ちを適切に伝え、相手と対等な関係を築くためのコミュニケーションスキルをいう。アサーショントレーニングでは自分のコミュニケーションパターンに気づき、不適切なコミュニケーションパターンを、ロールプレイなどにより修正していく。アサーショントレーニング単独で治療を行っている機関はほとんどないが、心理療法の一技法として、治療に取り入れているところがある。アサーショントレーニングの詳細や研修については、日本・精神技術研究所（http://www.nsgk.co.jp/）、アサーティブ・ジャパン（http://www.assertive.org/index.shtml）などを参照。

注8…SST＝social skills training。社会生活に必要な生活技能を身につけることで、自分に与えられた状況からよりよい成果を引き出せるようにするための技法。問題解決技能訓練や実技リハーサル（モデリングやロールプレイなど）の訓練技術を用いて行動形成を行うもので、認知行動療法の理論に基づいている。SSTの詳細や研修については、SST普及協会のホームページ（http://www.jasst.net/）を参照。

第七章 職場復帰の可否

復職はタイミングが重要です。症状がどこまで回復したら復職していいのか、判断することはなかなか難しいのですが、復職の時期が近づいてきたら、本人との定期面談の中で、いくつかの点をチェックしながら話を聞いていくとよいでしょう。

❀ 回復度のチェック

まずは睡眠です。起床や就寝の時間が一定していて、よく眠れたという熟眠感があるか

が重要です。よく眠れていると朝もすっきり目覚められます。また昼間の眠気がどうかという点も聞いておくとよいでしょう。

次に体調や気分についてです。日によって頭痛や腹痛があったり、気分の波がある状態では、復職してもうまくいきません。またその日の疲れがその日の睡眠によって回復できることは、疲労感の蓄積を防ぐことになります。

最後に意欲です。仕事に対するやる気はもちろん必要ですが、その前段階としてテレビや新聞などを興味を持って見ることができ、以前からの自分の趣味を楽しんだり、親しい人たちと接したりすることが億劫（おっくう）でないことは、自然な生活が送れるだけのエネルギーを取り戻したという目安になります。

しかしこれらの条件が整っているだけでは、通常の労働をさせるのには不安があるでしょう。この条件は、まず復職を具体的に検討していく準備が整ったかどうかのチェックポイントであると考えたほうがよいかもしれません。会社側が求める復職のタイミングについては次に述べます。

> 復職に必要な条件チェックリスト I

回復度のチェック

1. よく眠れる
2. 朝すっきり目覚められる
3. 体調が安定している
4. 気分が穏やかで安定している
5. 翌日までに疲れがとれる
6. テレビや新聞・雑誌などを見て、興味が持てる
7. 家族や友人とリラックスして話ができる
8. 自分の趣味が楽しめる

❦ 勤務・労働についてのチェック

前の表では、復職について考えはじめてもよいかどうか、いわゆる回復度のチェックポイントについて述べました。このチェックリストで、十分に回復していることが確認できたところで、実際に職場復帰ができるかどうか、つまり一定の決められた労働が可能かどうかを確認しなければなりません。

必要な条件の中でも欠かすことのできないのは、本人自身が職場復帰に対する意欲があるということです。これがない場合はいくら回復していても職場復帰を考えることはできません。

そのうえで、通常の勤務時間帯に一人で安全に通勤ができるかどうかです。特に自家用車で通勤する場合、集中力・注意力が回復していないと事故が起こる可能性がありますから、そのことを確認する必要があります。また通常の勤務時間である八時間勤務ができるだけの体力があるかどうかも重要です。復職した最初のころは勤務時間を短縮して半日勤務などの配慮を行うことはありますが、それはあくまで体慣らしのためです。そもそも八時間の勤務ができない体力状態では復職は難しいといえるでしょう。うつ病など心の不調

の場合には、集中力や注意力が低下しますから、読み書きなどが億劫になり、人と話す機会も減ってしまうため、それらの能力が低下している可能性があります。ですから業務上必要な読み書き、話す能力が回復していることも大事なことです。そして、職場復帰を継続していくためには、疲労感のチェックが重要です。翌日に疲れが残る状態では一週間継続して勤務することはできません。もしなんとかできたとしても、早々に再休職となる可能性は高いでしょう。つまり翌日までに疲労を回復して仕事に臨めるだけの体力がなければ、職場復帰は難しいといえます。

第七章　職場復帰の可否

> 復職に必要な条件チェックリスト2
>
> ## 勤務・労働についてのチェック
>
> 1．職場復帰に対する意欲がある
> 2．ひとりで安全に通勤ができる
> 3．1日8時間の勤務ができる
> 4．業務に必要な読み書き、話す能力が回復している
> 5．仕事中に眠気がない
> 6．注意力・集中力が回復している
> 7．翌日までに疲労が回復できるだけの体力がある

復職のための最終面談

会社として復職可否が決定したら、復職のための最終面談を行うとよいでしょう。

この面談の参加者は、本人とその家族、そして会社側からは、人事・労務担当責任者である人事部長や総務課長など、加えて配属先が決まっている場合はその職場の上司、そして産業医や健康管理室の医療スタッフになります。

この面談の目的は、会社側の復職に対する総合的な判定結果と配属先を伝えることと、家族に対して今後の協力を依頼することです。家族には、復職後も本人の様子を見守り、受診や服薬についてサポートしてもらう必要がありますし、復職後の定期面談にも参加してもらうとよいでしょう。

会社側はこの面談の席で、未決定の事項を話したり、本人を不安にさせるような発言をしたりしないように注意してください。

本人には、復職後の業務や今後のフォローについてなど、不安に思っていることがあればその場でどんどん発言してもらうようにし、復職に対する不安を取り除いて、良い形で復職をスタートできるようにしましょう。

また、会社として決定した職場復帰に関する就業措置などの事項については、主治医にも情報提供を行い、その後も治療を継続しながら職場再適応が効果的に行えるよう連携していくことが重要です（情報提供の様式については次の図を参照してください）。

職場再適応および就業措置に関する情報提供書

　　　　　　病院
＿＿＿＿＿＿＿クリニック
＿＿＿＿＿＿＿＿＿先生　御机下

　　　　　　　　　　　　　　　〒＿＿＿＿＿＿＿＿
　　　　　　　　　　　　　　　＿＿＿＿＿＿＿株式会社
　　　　　　　　　　　　　　　産業医＿＿＿＿＿＿＿＿＿印
　　　　　　　　　　　　　　　ＴＥＬ＿＿＿＿＿＿＿＿＿

　日頃は弊社の健康管理活動にご理解とご協力を賜り感謝申し上げます。
　弊社の下記従業員の今回の職場再適応につきましては、下記の内容で配慮を図りながら支援をしていきたいと考えております。
　今後ともご指導のほどよろしくお願い申し上げます。

　　　　　　　　　　　　　　記

対象従業員	氏名		男女	生年月日	年　　　月　　　日 （　　　歳）
就業上の配慮の内容 (複数選択可)	・残業　（　禁止　・　制限　　　　時間　） ・休日勤務　（　禁止　・　制限　　　　時間　） ・交代勤務　（　禁止　・　制限　　　　） ・出張　（　禁止　・　制限　　　　　　　） ・就業時間短縮　（　午前　・　午後　　　時間　） ・作業内容　（　　　　　　　　　　　　　　　　　） ・配置転換　・　異動　（　可　・　不可　） ・休業 ・その他　：				
上記の配慮の適応期間	年　　　月　　　日　～　　年　　　月　　　日				
職場再適応支援のためのプランの概要	（例）３カ月間のリワークの上、復職予定				
特記事項					

（本人記入）
　私は本情報提供書の作成ならびに主治医への提出について同意します。
　　　　年　　　　月　　　　日　氏名＿＿＿＿＿＿＿＿＿＿＿印

「労働者のメンタルヘルス対策における地域保健・医療との連携のあり方に関する研究　精神科医師・医療機関のための職域メンタルヘルス・マニュアル」より一部改変。

様式：職場再適応および就業措置に関する情報提供書

▼事例6

「早く仕事に戻りたいのです。戻るしかないから」Fさん　三十二歳　男性

生産現場にとって重要な技術者だったFさんは、主治医に強く復職希望を訴えました。「早く現場に戻らないと」という言葉に負けて、とうとう主治医は復職可能の診断書を書きました。もしかするとうまくいくかもしれないという期待もあり、その程度まで回復していたからです。しかし産業医は丁寧にFさんと面談を繰り返し、最終的には「もう一カ月の休養」を指示したのでした。おかげで復職のためのトレーニングも落ち着いて集中的に行うことができ、Fさんは復職を無事に果たすことができました。

> **! ポイント**
>
> 責任感や使命感の強いうつ病の人は、早く復職しないと職場に迷惑がかかる、いつまでも休んでいるわけにはいかないという気持ちから、復職を焦る傾向があります。また、主治医は本人の熱意に押されて「復職可能」の診断書を書いてしまうかもしれません。しかし重要なことは、復職の可否の最終判断は会社側が行うということです。そのために会社内の状況を理解している産業医が本人と面談を行い、その助言をもとに会社側が復職可能であるかどうかの判断を行う必要があります。産業医がいない場合は、主治医の診断書を参考にしながら、担当者が本人と面談を行い、その様子などから判断する必要があります。

コラム 復職に関する主治医と会社のずれ

現在の問題点として、復職しても再休職してしまう人が多いということが挙げられます。休職と復職を繰り返すことで、本人は自信を失い、家族や同僚にも失望感が広がり、結局は病状にもマイナスの影響を及ぼすことになります。

近年、うつ病には「休養」と「薬物療法」が重要であるという認識が広がっており、会社としては、精神症状の改善と体力の回復を待ってから復職させたいと考えるようになっています。にもかかわらず、なぜこのようなことが起こるのでしょうか。主治医の考える復職と会社の考える復職に大きなずれがあることが原因のひとつです。主治医が復職可能と判断する根拠は、主に本人からの復職希望という自己申告によるものが大きく、本人が復職を焦るあまり申告が実情とかけ離れたものになっている場合も少なくないようで

す。それに主治医は、精神症状がある程度改善したことを認めると「復職可能」と判断しますが、会社側が求める復職可能なレベルには達していないことがあります。このギャップのために、復職しても就労が十分に行える状態ではなく、結局は再休職に至ってしまう例が多くみられます。

実際、主治医は就労環境についてあまり知らないままで復職診断をしている場合があり、そのために会社側とのずれが生じているといえます。さらに、うつ病になりやすい人の特徴も加わり、考え方や問題解決の方法、対人関係のパターンが変わらないままで職場復帰すると、症状の再燃が起こりやすいのです。

これらの問題を解決するには、会社が考える復職基準レベルをある程度明確に打ち出しておくことが必要です（例えば、九五頁の「復職に必要な条件チェックリスト２（勤務・労働についてのチェック）」など）。健康管理室など産業保健スタッフがおかれている会社では、うつ病などメンタルヘルスの問題で休職・復職する場合に、会社側の対応についての体制づくりが進めら

れているところも多くなりましたが、おかれていない会社では人事・労務担当者がこれを担うには負担が大きいでしょう。産業医や外部EAP（六九頁の注2）などの力を借りて、メンタルヘルスの問題に対応する体制づくりを行い、その中で会社の復職基準レベルを設定していくことも有効な方法と考えられます。

また、休職中に復職に向けたトレーニングを可能な限り実施してみることも必要です。そのためには会社内での復職支援体制だけでは、到底不十分といえます。医療機関（八七頁の注3）や精神保健福祉センター（八七頁の注4）、障害者職業センター（八七頁の注5）などで実施されているリワークデイケアとの連携を支援体制の中に加えることも効果的でしょう。その際には、復職支援者となる関係者が密に連携を図り、復職に必要な情報を偏りなく集めること、復職までの各段階で十分に話し合いを行い、適切な職場環境を用意できるようにすること、さらに本人の状況に合わせた目標設定や取り組み内容、その利用機関の設定などが柔軟に対応でき、着実に復職への準備

ができること、などが重要です。それらのことがバランスよく行えれば再休職を予防することが可能になります。そして、なによりも本人がその実績の中で、自信を回復し、就労への意欲を少しずつ高めていくことが、復職後の適応を良好にする源となるでしょう。

第八章 職場復帰とフォロー体制

❀ 職場復帰の受け入れ態勢

正式に職場復帰が決定したら、その受け入れ態勢を具体的に整えなければなりません。

例えば、復職する部署や業務内容については、どうしても決めておかなければならないことのひとつでしょう。

復職する部署は、休職する前の元の部署に戻すのが原則です。それは復職という環境の変化に加えて、新しい仕事内容や新しい人間関係という変化に馴染むまでには時間がかか

り、新たなストレスとなる可能性があるからです。しかし元の部署にうつ病発症の理由やきっかけがある場合は、まったく違う部署に戻すことも必要になります。そのため、復職支援チームは事前に十分な情報を集め、総合的に判断しながら考えなければなりません。

復職した直後の仕事内容は、以前の業務にそのまま戻すのではなく、まずは簡単な軽作業から始めるのが適切です。判断や決定を求められるような業務は控え、資料や書類の整理、コピー、郵便物の発送業務など、自分のペースでできる作業がよいでしょう。その際にも、その作業の意味や目的などを伝え、時間的余裕を与えながら期限の目安なども明確に伝えることで、目的意識を持たせることが大事です。腫れ物に触るように「好きにやればよい」とか「君に任せる」というあいまいな指示を出すと、本人は自分自身で決めることができず、混乱を招いてしまうことがあることに気をつけましょう。

本人が仕事の内容についての質問や困ったことがあるときに、質問に答えたり、困り事の解決をサポートする人を決めておくことも安心感を持たせる良い方法です。そのために本人が復職してくる前に、職場内でミーティングを開き、役割を決めておくこともよいでしょう。

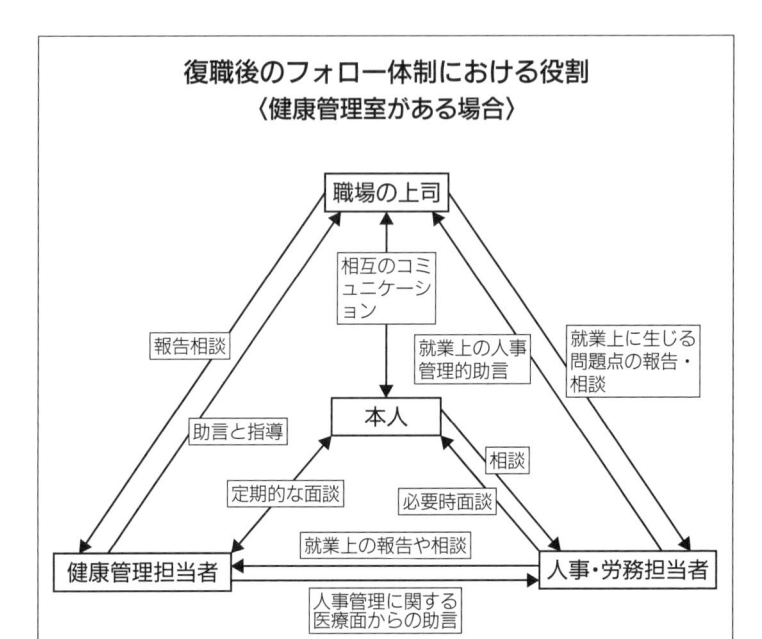

復職後のフォロー体制における役割
〈健康管理室がある場合〉

```
                     職場の上司
                    ／    │    ＼
          報告相談 ／ 相互のコミュ ＼ 就業上に生じる
                 ／ ニケーション    ＼ 問題点の報告・
                ／  就業上の人事    ＼ 相談
               ／   管理的助言      ＼
              ／       本人          ＼
       助言と指導    ←相談→
              ／   定期的な面談／必要時面談 ＼
             ／                              ＼
        健康管理担当者 ←就業上の報告や相談→ 人事・労務担当者
                     ←人事管理に関する
                       医療面からの助言→
```

①全体的な連携による、再休職の予防もしくは、再発時の早期対応。

②本人の就業状況を長期的にとらえながら、労務管理・就業状況・身体的な問題などをそれぞれの役割ごとに的確に評価し、定期的な情報交換を行う。

③就業期間が長くなり、状態的にもおちついた期間がみられるようになれば、適材適所の配置や、業務の見直しを図る。

④本人が業務への意欲と自信の回復ができるようにサポートする。

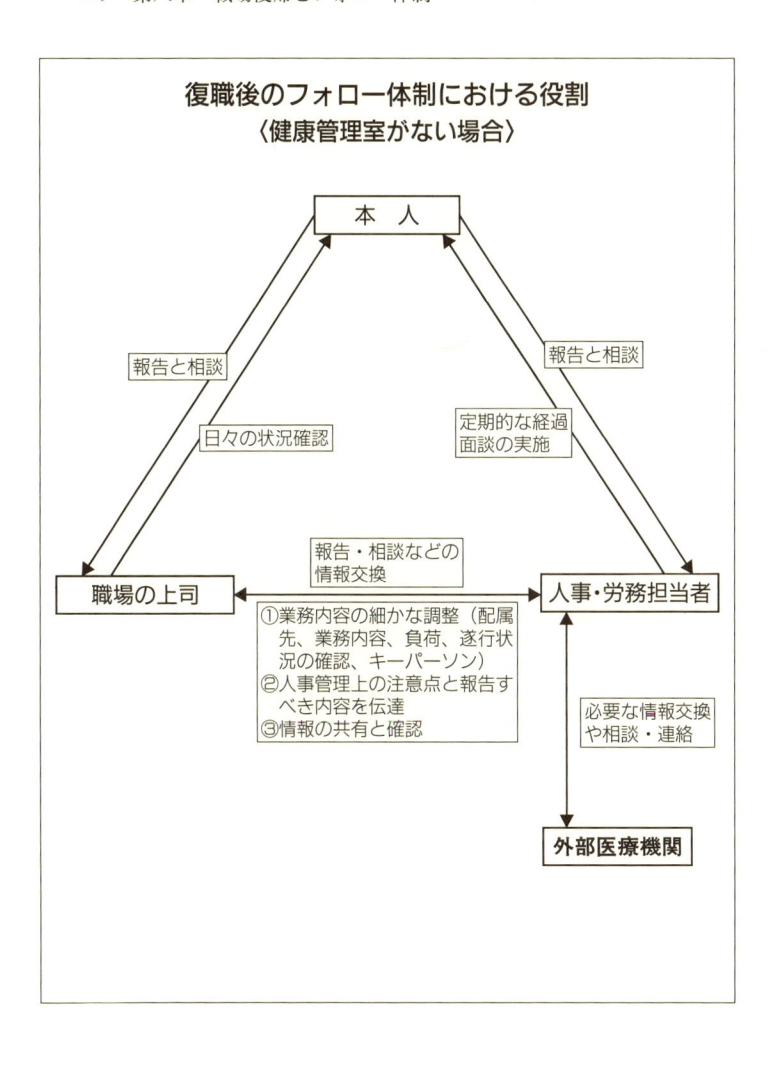

109　第八章　職場復帰とフォロー体制

復職後のフォロー体制における役割
〈健康管理室がない場合〉

```
                    本　人
                   ／    ＼
          報告と相談        報告と相談
           ／                    ＼
    日々の状況確認          定期的な経過
                            面談の実施
       ／                          ＼
  職場の上司 ←―――――――――――→ 人事・労務担当者
              報告・相談などの
              情報交換
```

①業務内容の細かな調整（配属先、業務内容、負荷、遂行状況の確認、キーパーソン）
②人事管理上の注意点と報告すべき内容を伝達
③情報の共有と確認

人事・労務担当者 ↕ 必要な情報交換や相談・連絡

外部医療機関

復職後の定期面談とカンファレンス

スムーズな復職を進めていくためには、復職後も継続的な定期面談を行っていくことが必要です。復職してしばらくは頻繁に面談を行い、徐々に間を空けていきます。担当者の時間的・労力的な負担も考慮しなければなりませんが、復職後二ヵ月程度は、できるだけ本人と直接かかわるキーパーソンからの情報も収集しながら面談を行うのがよいでしょう。

この場合の面談担当者は、健康管理担当者になります。健康管理室などがある会社では、医療スタッフが面談することになります。しかし健康管理室などのない会社であれば、人事・労務担当者が面談を行うことになります。面談担当者は、目安になるようなチェックポイントに中心をおいて面談を行うとよいでしょう。休職中の定期面談でも同様ですが、定期面談の際には経過記録を残すようにします。記録は管理という観点からも重要なものです。

面談回数は出社状況に合わせて、徐々に調整していきます。はじめは細かく注意しながら面談の機会を多くしてください。復職から約六カ月を過ぎるまでは面談が必要と本人に伝えておくことも大事です。

定期面談はサポートという意味で重要です。病気の再発を見つけ出して休ませることが

第八章　職場復帰とフォロー体制

目的ではありませんから、本人が今の与えられた仕事についてどう感じているのか、どうしたいのか、何か困っていることはないかなどについてじっくり聞いていきます。面談の内容としては「気分の状態」「自覚症状の有無や程度」「心配や不安感」などに加えて、業務に関する問題などを傾聴しましょう。定期的な受診を継続しているか、主治医の指示通りに服薬しているかも確認すべき点です。具体的な問題が生じている場合には早急に対応して改善することが必要です。

これまでの病状や休職期間に合わせて、細かな面談を継続することにより、不調を早期に発見した場合には休養を促したり業務の調整をすることで再休職を防ぐことができます。また面談の中で不調に陥るきっかけや不調の注意サインについて本人自身が理解できるようになることは、本人が病気に対する理解を深める心理教育的な関わりになり、本人がうつ病の状態をコントロールするための助けとなるかもしれません。面談の際には、第一章で挙げたチェックポイントを参考にすると、継続的なフォローがしやすく、再発など異常の発見が可能です。

またこの間、本人と関わる人たちに向けて、カンファレンスなどの機会を作ることも必要です。その回数としては月に一回程度で十分でしょう。カンファレンスの目的は、本人

に関わる担当者（産業保健スタッフ、職場の上司、人事・労務担当者、衛生管理者など）が集まって、本人の職場適応に関する情報交換を行うこと、就業上の問題点や病気の再燃など問題が起こったときには、早急に対応して職場再適応の計画を見直し、修正することにあります。そのためカンファレンスを行う際には、同時に医療的な情報を本人の了解の上で主治医から入手しておき、必要に応じて関係者が共有しておくことも必要になります。

カンファレンスでは本人の職場での様子について情報共有し、職場への適応度を評価し、関わる人に戸惑いや困り事があれば話し合って解決し、関わりの役割分担を行います。例えば、仕事上で問題が起こった場合や人間関係でトラブルが発生した場合については、職場の関係者が介入して具体的に解決をしていかなければなりません。しかし眠れないとか、言われたことについて判断ができないなど病気に関することについては、医療機関、もしくは産業保健スタッフに任せるという判断をすることになります。

▼事例7

「復職をしたけれど何もさせてもらえないんです」　Gさん　五十歳　男性

　うつ病から復職を果たした課長のGさんは、「復職をしたけれど、何もさせてもらえないんです」と不満を述べました。何か仕事をしようとしても、部下から「部長から何もさせるなと言われているので」と止められる始末でした。主治医はGさんの了解を得て、人事課と相談し、社員の中からGさんが相談しやすい人を探しました。結局、Gさんの以前の上司に定期的に相談するように依頼して、最初はほぼ毎日一〇分程度の面談を行いました。そのうちそれが週一回になりましたが、治療の継続と業務の調整にはとても有効でした。

> **! ポイント**
>
> 復職後、どのような仕事をさせるかは悩ましい問題です。あまり責任の重い仕事や根を詰める仕事をさせて、また病気が再発したり、休職されたら困るという思いのために、まったく仕事をさせないというケースもあるようです。このような場合は、会社側と本人のコミュニケーション不足が起こっている可能性が高く、本人の回復度や意向を十分に把握しないまま放置しているために、せっかく復職しても適切な仕事が与えられないという問題が生じています。事例7のケースのように、本人が相談しやすいキーパーソンを探し、こまめに面談を行うことで、本人の意向や状況を汲み取ることができ、業務を加減しながらスムーズな復職を進めることができるでしょう。

復職後の定期面談の例

例）約1年の休職期間を経て復職した場合
　　復職直後～3カ月：2回／週（15分程度）
　　4カ月～1年　　：1回／週（10分程度）
　　1年以降　　　　：1回／月（10分程度）

定期面談で話す内容（チェックポイント）

- 気分の状態、安定度
- 自覚症状の有無やその程度
- 心配や不安感
- 定期的受診と服薬の遵守の確認　など

定期面談で使えるツール

- 自覚症状を問うチェックポイント表
- 1日の過ごし方チェック表による自己評価
- フリーフォームでの日記（感情の変化）

▼事例8

「もう治ったように思ったので通院しませんでした」 Hさん 三十八歳 男性

ある企業の研究部門に勤めるHさんは、半年の休職の後、復職を果たしていました。復職してから一度も受診していなかったHさんは二カ月ぶりに病院にやって来ました。主治医も忙しさにかまけて、Hさんの受診が中断していることに気づきませんでした。

しかし会社の人事担当者が、本人の復職後も二週間に一度Hさんと定期的に面談していて、「医師の了解なく、通院や服薬を中断してはいけない」と説得してくれたため、来院したのです。「最初はちゃんと通っていると言っていたのですが、復職から二カ月経って、実は通院も服薬もやめていると言いだしたのです」と担当者が主治医に知らせてくれました。夜もぐっすり眠れ、朝もちゃんと起きられるということでしたが、顔には疲労感がにじみ出ていました。早速、主治医は治療を再開して、中断しないように指示し、研究に没頭しすぎず、十分な休養をとるように助言しました。

> **! ポイント**
> 復職後も定期的な受診は欠かせません。急な服薬中断は症状を悪化させることがあります。定期面談の中では、受診や服薬についての情報も聞き取るようにし、本人の表情にも気を配りましょう。

第九章 Q&A〈休職・復職編〉

Q1 復職を前にして、不安が強く、「会社に行けない、怖いと感じる」と訴える社員がいます。一方で早く仕事に戻りたいという焦りもあるようです。どのような対応がよいのでしょうか?

A あまりにも不安が強い場合には、復職はまだ早いと判断されるでしょう。しかしうつ病で休職して復職する場合には、みな多かれ少なかれ不安を訴えます。それは、「またあんなつらい思いはしたくない」という気持ちや、「同僚は自分をどのように見るの

Q2 復職のタイミングとして、主にどのような状態になったら可能ですか？

A まずは普通の生活に支障のないような体調や精神状態になることが必要です。睡眠や食欲、疲労の回復具合など体調面での安定とともに、気分の波が少なく、趣味を楽しめるだけの意欲が必要です。しかし、これは治療者側から見た復職の条件であり、会社だろうか」という心配などがあるためでしょう。まずはその不安や焦りの気持ちを傾聴しましょう。焦るあまり復職を希望している場合は止めなければなりませんが、不安や恐れによって復職に踏み出せないのだとしたら、まずは出社トレーニングを行うのはいかがでしょうか？ まずは出社するだけのトレーニングで会社に来ることに慣れ、ある程度自信をつけてから復職するようにします。復職をしてからも、段階的に勤務時間を増やしていったり、業務内容を変更したりして、負荷が徐々に増えていくように配慮します。それらのことを本人に伝えることによって安心して復職ができるようになるでしょう。

側からすると甘いと思われるかもしれません。

会社では業務を行うわけですから、趣味を楽しめる程度の意欲では一日八時間の勤務を乗り切れないかもしれません。そのため会社側から見た復職の条件というものもあると思います。体力的には八時間の勤務ができて、その日の疲れを次の日に残さないようにできることが必要ですし、精神面としては業務に必要な能力の回復や注意力・集中力の回復が必要です。問題はこれらをどう見極めるかということです。例えば、自宅でのトレーニングとして、家族に絵本の読み聞かせをしてもらうということを勧めている場合があります。絵本は昔話のようなものでかまいません。特にひらがなばかりで書かれているような絵本がよいでしょう。ひらがなで書かれている文章というのは、大人にとっては大変読みにくく、すらすらと読むためには相当の集中力が必要です。その絵本をすらすらと読めるようになれば、それなりに集中力が回復していると考えてよいでしょう。読んでみた感想（物語の感想ではなく、読み聞かせをした感想）などを文章にしてもらうことも、本人の思考力を判定するには有効かもしれません。また百マス計算のように、ひとけたの足し算や引き算などの計算問題をやってみることも集中力や処理能力の回復を見るには良い方法です。

第九章　Q&A〈休職・復職編〉

Q3 再発と休職を何度も繰り返している社員がいます。服薬と休養だけで本当に治るのでしょうか？

A 基本的にうつ病の治療には薬物療法と休養が最も重要です。しかしそれだけでは、なかなか回復しない場合が多く、いったん回復しても再発して、再び休職しなければならないケースもあります。それらの問題を解決するために、いろいろなところで努力がなされています。認知行動療法や生活リハビリテーション、環境調整などを組み合わせて行うことによって、うまくいっているケースもあります（第二部で詳述）。しかしながら、うつ病は再発の可能性もあるということを常に念頭において対応することが必要でしょう。

Q4 復職の際に、「負担の少ない軽作業から始める」とありますが、デスクワークと

身体を軽く動かす作業とでは、どちらがよいでしょうか？

A 本人にとって負担が少ない作業とは何なのかを確かめる必要があるでしょう。ある人にとってはパソコンでの簡単な表作成などの作業は負担が少ないと感じるでしょうし、また他の人にとってはパソコンの前に座るのは苦痛だけれども、体を動かす屋外作業などは負担が少ないと感じるでしょう。具体的には、庭のある会社であれば、草刈りや垣根の手入れなどをしてもらうという会社もあるようです。どのような作業から始めるかは、本人と相談して決めるのがよいでしょう。

Q5 産業医の指示どおりに業務配置がうまくできないことがあります。それでも安全配慮義務が優先されますか？

A 安全配慮義務は、事業者に課せられた義務ですから、当然優先されます。産業医の指示どおりに業務配置ができないということは、管理監督者が状況を十分に把握してい

Q6 社員が休職した場合、会社は家族とも関わりを持ったほうがよいでしょうか?

A 家族を協力者として会社側との関わりが持てると、定期面談や復職の際にもスムーズに事が運ぶ場合が多いと思われます。例えば、定期面談に本人が来られないという場合には家族に代わりに出席してもらい、最近の様子などを伝えてもらうことができます。家族は本人の様子を客観的に見ていますから、会社側が正しい情報を得ることができます。また定期面談の際、家族に同席してもらうことによって、本人の主観的な報告だけでなく、家族から見た本人の回復の具合を担当者が聞くことができ、復職のタイミング

などを計る場合にも有効です。

Q7 健康管理室がない企業の場合、復職者と一番関わりを持つのは、人事・労務担当者でしょうか？

A 窓口になる人としては、人事・労務担当者の場合が多いと思われますが、上司との関係が良い場合には上司が窓口になってもよいでしょうし、本人にとって話しやすいキーパーソンがいるのであれば、キーパーソンを窓口にすることもできます。本人が信頼して話せる人が窓口になっていると安心です。誰が窓口になるとしても、できるだけ一本化して、本人が混乱しないようにすることが肝心でしょう。

Q8 職場の管理職は、主にどういった点に配慮しながら、復職者と関わりあいを持ったらよいでしょうか？

第九章 Q&A〈休職・復職編〉

A 誰が窓口になっているかによっても変わってきますが、その管理職が直接関わりの窓口になっていない場合、管理職に望まれるのはさりげない声かけと温かいまなざしで見守る姿勢です。そして窓口になっている人と連携を図りながら、現在の状況を把握し、無理のない業務配分を行ってください。

Q9 復職時、本人の状態が落ち着くにはどれくらいの期間が必要でしょうか？

A まずは一週間、そして一カ月、三カ月、半年、一年と、状態を見ていかなければなりませんが、半年間クリアできれば、まず落ち着いたと考えてよいでしょう。ただし業務の負担は徐々に増やしていく必要がありますから、主治医や産業医との連携を欠かさず行い、助言を得て対応してください。まれにこの間に上司が気づかないまま残業時間が増えている場合がありますので、就業制限が守られているかのチェックも行いましょう。

Q10 復職以降も家族との関わりは必要でしょうか？

A Q9のAで述べたように復職しても落ち着くまでにはしばらく時間が必要です。その間、特に問題がなければ家族と連絡をとる必要はないでしょうが、本人が無理をしている様子や、焦っている様子がみられたら、家族と連絡をとり、自宅での様子なども聞いてみる必要があるかもしれません。

コラム

会社の人間関係今昔

メンタルヘルスの問題を出さないための職場の人間関係とはどのようなものでしょうか？

昔は、仕事をしながらもお互いに会話して楽しく過ごす時間もあったように思います。つまり適当な私語や立ち話などの雑談が何気なく交わされていたということです。

現在は業務の効率化を図るがゆえに、パソコン業務が主流になり、時には隣の席の人にまでメールによる連絡をすることがあるようです。仕事に必要なこと以外は私語とされ、「遊び」の部分が少なくなってきています。「話をする」普段の時間が少ないといえます。

パソコン作業により、業務の効率は良くなったかもしれませんが、コミュニケーションの場である雑談の機会が少なくなっていないでしょうか。さら

に雑談が、悪いこととして、注意を受けた経験がある人もいるようです。注意をされたことで、評価が悪くなることを恐れ、話をしなくなった結果、人間関係が育たず、他人の目を気にするなど、違った問題も生じやすくなります。雑談ばかりしているのも問題ですが、雑談がしにくい環境も問題です。

年代を超えたコミュニケーションの能力が低下している点も大きな問題です。同世代の同僚とは話をしても、年代の違う同僚や上司とは会話しない（できない）という人も多いようです。しかし上の世代の人の過去の経験から得るものもたくさんあります。特に経験談は重要です。過去のさまざまな問題をどうクリアしていったのかという経験談の中には、これからの問題を解決していくためのアイデアが詰まっています。

人間関係を築くにはやはり雑談など話をする機会が重要です。面談などフォーマルな話の機会を作ることも必要ですが、部署の飲み会やランチの時間など、インフォーマルな機会をとらえて、ざっくばらんな話ができるような

機会を作ることが、職場内の人間関係をスムーズにし、働きやすい職場づくり、ひいてはメンタルヘルスの問題を出さない職場づくりのために最も重要なことといえるかもしれません。人間関係には効率ではなく、昔からある face to face のコミュニケーションが必要なのです。

そのような雑談の機会を積極的に作って、部下の話を聞き、さりげない配慮ができる上司は必ず信頼されるでしょう。この成果主義の時代にこそ、このような「信頼できる上司」がいることが部下の人間関係を良くするための大きな原動力となるに違いありません。

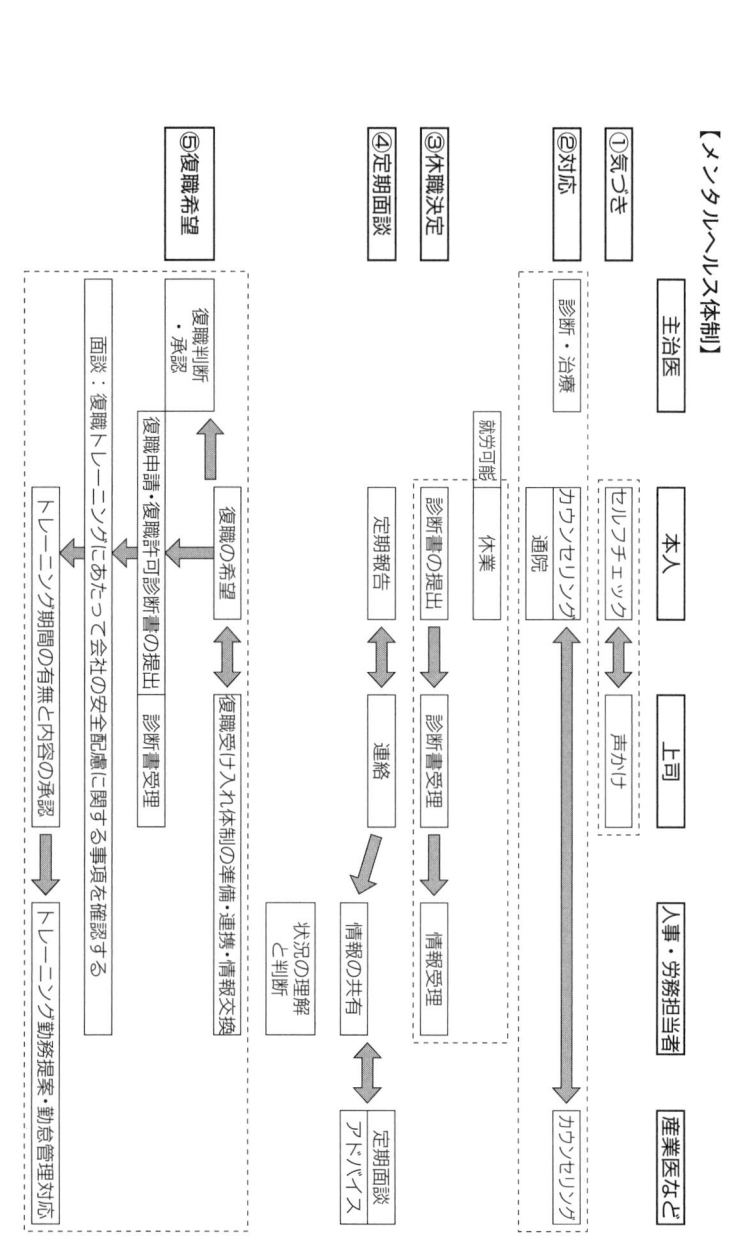

【メンタルヘルス体制】

	主治医	本人	上司	人事・労務担当者	産業医など
①気づき		セルフチェック	声かけ		
②対応	診断・治療	カウンセリング・通院			カウンセリング
		就労可能／休業			
③休職決定		診断書の提出	診断書受理	情報受理	
④定期面談		定期報告	連絡 → 状況の理解と判断	情報の共有	定期面談アドバイス
⑤復職希望		復職の希望 ⇄ 復職受け入れ体制の準備・連携・情報交換			
		復職申請・復職許可診断書の提出	診断書受理		
	復職判断・承認 ←				

面談：復職トレーニングにあたって会社の安全配慮に関する事項を確認する

トレーニング期間の有無と内容の承認 → トレーニング勤務提案・勤怠管理対応

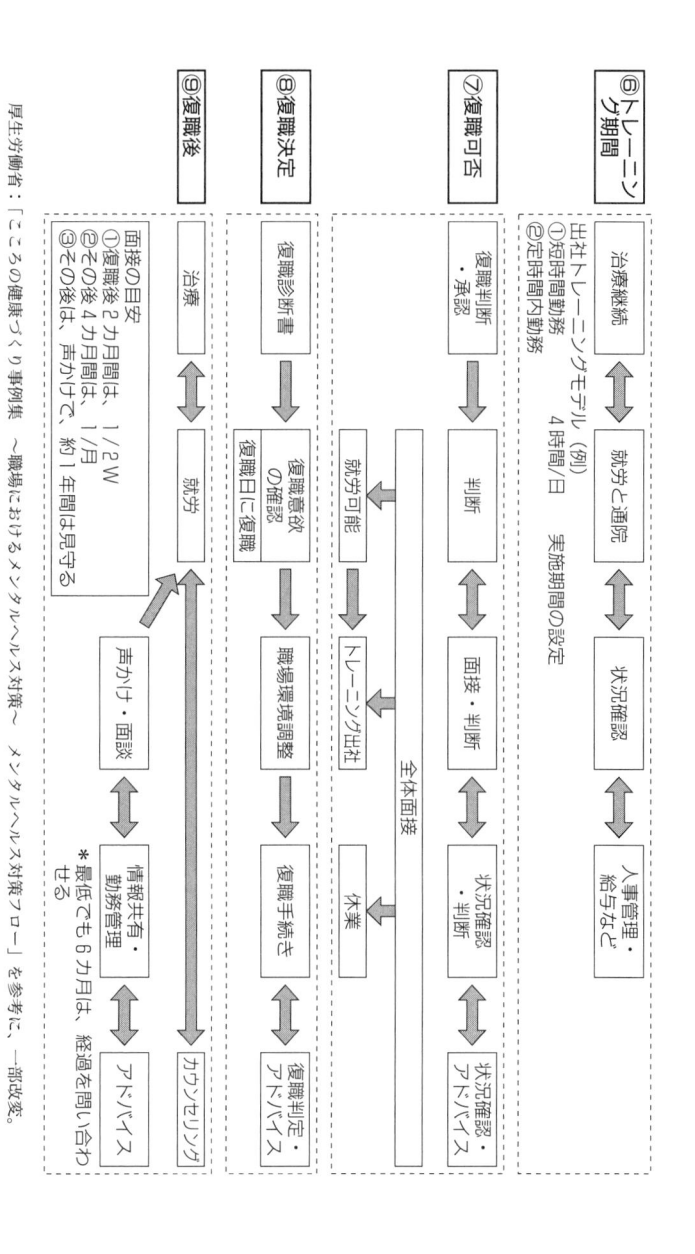

メンタルヘルス対策フロー図

⑥トレーニング期間

- 治療継続 ⇔ 就労と通院 ⇔ 状況確認 ⇔ 人事管理・給与など

出社トレーニングモデル（例）
① 短時間勤務　4時間/日
② 定時間内勤務　実施期間の設定

⑦復職可否

- 復職判断・承認 ⇒ 判断 ⇒ 面接・判断 ⇒ 状況確認・判断・アドバイス

就労可能 ⇒ トレーニング出社 ⇔ 休業

⑧復職決定

- 復職診断書 ⇒ 復職意欲の確認・復職日に復職 ⇒ 職場環境調整 ⇒ 復職手続き ⇒ 復職判定・アドバイス

全体面接

⑨復職後

- 治療 ⇔ 就労 ⇔ 声かけ・面談 ⇔ 情報共有・勤務管理 ⇔ アドバイス

カウンセリング

面接の目安は、1/2W
① 復職後2カ月間は、1/2W
② その後4カ月間は、1/月
③ その後は、声かけで、約1年間は見守る

＊最低でも6カ月は、経過を問い合わせる

厚生労働省：「こころの健康づくり事例集　～職場におけるメンタルヘルス対策～　メンタルヘルス対策フロー」を参考に、一部改変。

第二部

うつ病とは何か

第一部では、社員が心の不調に陥った時の対応について、会社がやるべきことを中心に述べました。心の不調はさまざまありますが、職場で問題となる心の不調の中で最も多い病気が「うつ病」です。第二部ではうつ病とは何か、その診断と症状、治療法などについて概説します。

第一章 うつ病の診断と症状

うつ病の二大症状は、「抑うつ気分」と「意欲低下」です。抑うつ気分は「落ち込む」「気が晴れない」「空虚感がある」などの言葉で表現されます。「なぜか自然に涙が出る」という人もいます。意欲低下は「おっくう」「手につかない」「興味がわかない」などの言葉で表現されます。この二つの症状のうちどちらか一つでもあれば、うつ病の可能性が高いといえます。うつ病の状態が進むと、「自分は価値のない存在と感じる」「自分を責める」状態が続くようになり、仕事や生活がうまくできなくなってきます。そして早めに医学的な手当てをしないと「死にたい」という気持ちがわいてくるようになります。うつ病

の状態でみられる症状としてはうつ病の診断基準にあるような九つの症状があります。食欲低下や痩せまたは食欲過多、不眠または睡眠過多、疲れやすさ、自責感、集中力低下などのほか、表情やしぐさにも変化が現れることが多いので、周囲の人も気づく場合があります。しかし、自分のせいだから周囲に迷惑をかけまいとして、これらの症状を見せないようにする人もいるため、周囲からはなかなか気づかれない場合もあるので注意で
す。

精神的症状が見当たらず、「頭痛」「体がだるい」「動悸がする」など、体の症状を主訴に内科や婦人科に行く人もいます。それでも身体の検査をしながら精神的状態を聞いていくと、うつ病であることがわかる場合もあります。つまりうつ病では、心に現れる症状（精神症状）だけでなく、身体にも症状が現れるのです（身体症状）。さらに行動にも症状が現れることがありますが、その現れ方としては、行動が消極的になったり、逆に衝動的になったりすることもあれば、出勤の途中で急に行き先を変え、「気がついたら遠く離れた所にいた」などという逃避や自殺願望に近いケースもあります。

一方、うつ病のような症状が出ていても、うつ病でない場合もあるので注意が必要です。また、統合失調症のような被害その代表は、アルコールや薬物乱用に伴ううつ状態です。

うつ病の診断基準

① 1日中、毎日続く憂うつ感。（自身の訴えか周囲の観察でわかるとき）

② 1日中、毎日続くすべての活動での興味の喪失、喜びの減退。（自身の訴えか周囲の観察でわかるとき）

③ 目立つ体重減少か増加。

④ 不眠か睡眠過多。

⑤ ほとんど毎日、焦りやイライラかやる気の喪失。

⑥ ほとんど毎日、疲労しやすさ、または気力の減退。

⑦ 自分を価値のない人間と感じたり、悪いことをしたと感じる。

⑧ 思考力や集中力が落ち、決断できない。

⑨ 死について考える、計画する、実行する。

　うつ病の診断（DSM-Ⅳ-TRによる）は、以上の9項目の中で、①か②のどちらか一つを必ず含む5項目以上の症状が、同じ2週間の間に存在することによってなされます。

妄想に伴うものや、甲状腺などの内分泌疾患でもうつ状態を示すものは少なくありません。若年認知症でも初発症状が「抑うつ気分」ということもあります。

また、広い意味ではうつ病の範疇に入るのですが、摂食障害やパーソナリティ障害を伴ううつ病は、対応や治療をうつ病と同じにするわけにはいきません。例えば、リストカットなどの自傷行為や薬の大量内服などはうつ病でも認めることはありますが、パーソナリティ障害の場合も同様のことが認められるため、適切な対応をするためには、専門医にしっかりと鑑別診断をしてもらう必要があります。また、うつ病とよく似た症状を呈する適応障害という疾患もありますが、これは自身と周囲の環境の折り合いが悪いことが原因であるため、環境調整が最も有効な治療法となります。

第二章

うつ病の原因と分類

🍀 うつ病の分類

これまで、気分を障害する病気は大きく二つに分類されていました。いわゆる躁うつ病とうつ病です。そのうちうつ病も、いくつかの分類に分けられます。分類についての考え方はいろいろありますが、次の図では「うつ病（メランコリー型）」「気分変調症」「非定型うつ病」「その他のうつ病」の四つに分類しました。

一つはいわゆるうつ病（大うつ病ともいう）でメランコリー型といわれる従来型のうつ

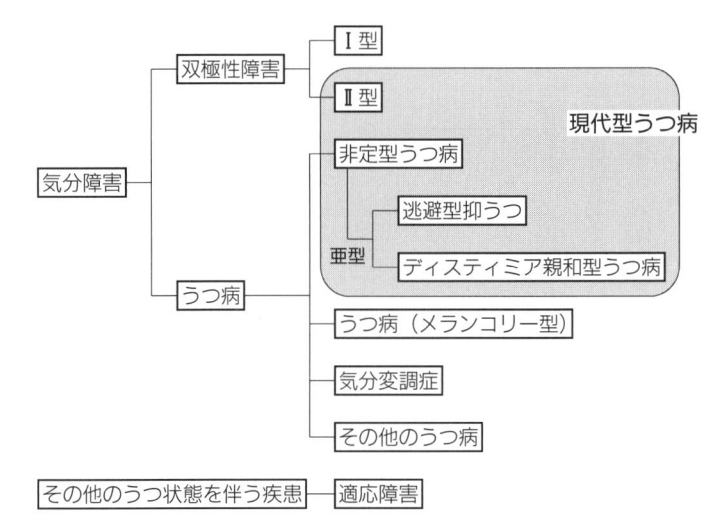

```
気分障害 ─┬─ 双極性障害 ─┬─ Ⅰ型
          │              └─ Ⅱ型
          │
          └─ うつ病 ─┬─ 非定型うつ病
                    │        ┌─ 逃避型抑うつ
                    ├─ 亜型 ─┤
                    │        └─ ディスティミア親和型うつ病
                    ├─ うつ病（メランコリー型）
                    ├─ 気分変調症
                    └─ その他のうつ病

その他のうつ状態を伴う疾患 ─ 適応障害
```

（※Ⅱ型・非定型うつ病・逃避型抑うつ・ディスティミア親和型うつ病を含む範囲が「現代型うつ病」）

うつ病の分類

病です。几帳面で真面目、周囲に対して過剰なまでに気を遣うタイプで、たくさんの仕事を抱え込んで手を抜くことができず、完璧主義を貫こうとして無理をしてしまいます。それがかなわなかったときには大きなストレスとなり、うつ病の引き金となります。

もう一つは気分変調症ですが、メランコリー型のうつ病でみられるようなはっきりとしたうつ状態は現れません。それほどひどくはないけれども慢性的なうつ状態がずるずると続くのが特徴です。なんとなく体の具合が悪く、気力がわかない、すっきりしないという状態が二年以上続いている場合に気分

変調症と診断されます。うつ病（メランコリー型）はセロトニンやノルアドレナリンが脳内の気分を左右する部分で足りなくなっている状態であり、気分変調症はストレスに性格的要因が加わって、元気な活動が妨げられている状態といえます。うつ病と気分変調症の区別をうつの重症度で考え、気分変調症のことを軽症うつ病と患者さんに言う場合もあるようですが、基本的には違います。医学的な表現ではありませんが、いわばうつ病は心のガソリンが切れてダウンした状態。気分変調症は気を張りつめたために心が疲れて、うまく働かない状態といえます。

　非定型うつ病は過眠、過食など典型的なうつ病とは異なる特徴を持っているためにこう呼ばれています。典型的なメランコリー型のうつ病であれば、ほとんど一日中気分が落ち込み、それが二週間以上続きます。しかし非定型うつ病の場合は、一日中落ち込んでいるわけではなく、出来事に反応して激しい気分の浮き沈みがあります。

　躁うつ病（双極性障害とも呼ばれます）は、気分が落ち込むうつ状態と、高揚する躁状態が現れます。躁うつ病への対応はうつ病とは異なるものであり、基本的には職場復帰の対応も分けて検討しなければなりません。近年、うつ病の中に軽い躁状態を伴うことのある、あるいは可能性のあるケースが非常にたくさんあることがわかってきました。そのよ

うな軽症の躁状態を伴ううつ病のことを、双極II型と呼んでいます。つまり双極性障害は、I型（躁症状が重い）とII型（躁症状が軽い）に分けられるのです。医師によっては、双極II型のケースの診断書に「気分障害」や「うつ病」という病名を記載しますので、内容の確認が必要な場合があります。

現代型うつ病

最近、職場のメンタルヘルスの問題で注目されているうつ病があります。それは「新型うつ」とか「現代型うつ」と呼ばれているもので、比較的若い人に多く、症状としては従来のうつ病や気分変調症に似ているけれども違う様相を呈して、違う経過をたどる、いろいろな点で違っているもう一つのうつ病です。ここでは「現代型うつ病」と呼ぶことにしますが、この定義は定かではなく、医師の中にも現代型うつ病について、双極II型とする人や、非定型うつ病とする人、非定型うつ病の亜型である逃避型抑うつやディスティミア親和型うつ病(注1)とする人などがいて、さまざまな考えがあります。しかし全体を見渡すと、現代型うつ病は従来型のうつ病（メランコリー型）の対比として考えるのがよいように思

います。次の表に、従来のうつ病と現代型うつ病、気分変調症の傾向について示しました。

ただし、傾向というものはあくまでも傾向であり、その中間に位置するケースや、その両方の特徴を持つケースなどさまざまであることを理解しておく必要があります。

いずれにしろ、この現代型うつ病は、最近の若い世代の労働者に急増していて、遷延化のしやすさ、再発のしやすさから大きな議論を呼んでいます。これは著者の意見ですが、このような疾患があることを企業の上司や担当者が理解しがたいという点が、この現代型のうつ病診療で最も苦しい点だと思います。つまり、周囲の皆がこれは単なる甘えではなくて、れっきとした医学的疾患であるということを理解する必要があるのです。

注1…ディスティミア親和性うつ病とは、樽味伸（二〇〇五）が発表したうつ病周辺群の類型。若者に多く、自己自身（役割抜き）への愛着と漠然とした万能感を持ち、挫折に際しては他罰的傾向を示す。もともと仕事熱心ではなく、回避的であるが、自分の趣味や娯楽などに対しては問題なく取り組むことができる。自ら「うつ」を認めることも多いが、「うつ」からの離脱には消極的。

	うつ病（メランコリー型）	気分変調症	現代型うつ病
発症年齢	40代〜50代	20代〜30代	20代〜30代
病前性格	几帳面、真面目、融通がきかない、責任感が強く仕事熱心、秩序を重んじる、周りの人に気を遣う、など	失敗に弱い、閉じこもりがちで、社交的ではない、自分に自信が持てない、些細なことでくよくよ悩む、など	自意識が強い、未熟、甘えが強い、プライドが高い、など
主な特徴	ほとんど1日中強い落ち込みが続く状態が2週間以上続く。	軽度の抑うつ気分、広範な興味の消失や何事も楽しめないという感じが2年以上続く	過食・過眠、出来事に反応して激しい気分の浮き沈みがある、些細な言葉に反応する、倦怠感が強い、など
薬物治療の効果	多くは良好	多くは部分的効果にとどまるが、長期的に見るとある程度効果がある	初期は比較的良好なこともあるが、全般的にはあまり効かない
予後	休養と服薬で、全般に軽快しやすい	遷延化しやすい	遷延化しやすい

うつ病（メランコリー型）と気分変調症、および現代型うつ病の対比

うつ病の原因

では、うつ病になる原因は何なのでしょうか。うつ病の中には、高血圧治療薬やインターフェロンなど、服用している薬剤の副作用によって生じるものもありますが、一般的なうつ病の発病の原因そのものはまだ解明されていません。もちろん遺伝的素因も原因としては考えられますが、それがすべてではありません。うつ病の遺伝的素因があっても、うつ病を引き起こすきっかけや誘因がなければ、発病するとは限りません。そのきっかけや誘因として考えられるのが、ストレスと性格です。ストレスは「心に受けた刺激によって起こる精神的緊張」であり、私たちはみな大なり小なりのストレスの中で生活しています。

しかし通常程度のストレスであれば、私たちは心の中の働きでそれらをうまく処理することができます。ところが、ストレスが強すぎたり、ストレスが蓄積してくると、心の中だけではうまく処理することができなくなり、心身にさまざまな悪影響が出てきて、身体や心の変調をきたします。つまり問題は、ストレスの程度とその受け止め方にあります。例えばメランコリー型のうつ病の人は、病前性格として秩序を重んじ、几帳面で仕事熱心、対人関係では律儀で誠実、他人への配慮

が強く、責任感が強いなどの特徴があります。そのため周囲から頼りにされたり、相談を受けたりすることも多いのですが、物事や人間関係が秩序良く整っているときには、元来の真面目で誠実なやり方で乗り切ることができ、ストレスというよりむしろ人の役に立つことができたと喜びを感じるでしょう。しかし環境の変化などで、これまでの秩序がくずれると、真面目さゆえに仕事を抱えこみすぎたり、過剰に責任を感じたりして、多大なストレスを感じることになります。メランコリー型のうつ病の人が、昇進や定年、引っ越しや結婚、死別などに直面したことをきっかけとして発症することが多いのはこのためです。

このように、うつ病の原因はさまざまな要因が絡み合って発症すると考えられます。

第三章 うつ病の経過

うつ病発病の経過

どの型のうつ病も、悪くなるときにはどんどん悪くなります。まったく元気な状態からであっても、ほんの数日間で悪化し、まったく布団から起き上がれなくなることもあります。あっという間に憂うつな気分に落ちていき、興味も喜びも失われていきます。そしてもっと悪いことに、ある程度の重症度を過ぎると、逆に自分で病気にかかっていることに気づかなくなってしまいます。最初は、「眠れないし、調子が悪くて、どこか悪いのでは

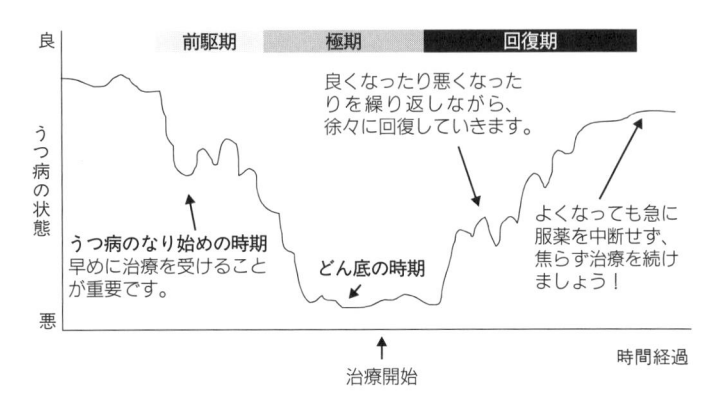

うつ病の経過

- 前駆期: うつ病のなり始めの時期。早めに治療を受けることが重要です。
- 極期: どん底の時期。治療開始。
- 回復期: 良くなったり悪くなったりを繰り返しながら、徐々に回復していきます。よくなっても急に服薬を中断せず、焦らず治療を続けましょう！

縦軸: うつ病の状態（良～悪）、横軸: 時間経過

ないか？」と思っていても、悪化すると、「これは病気ではない、自分が甘えているだけで、自分が悪いからだ」と感じるのです。不眠や食欲不振といった、体調の変化も、自責の念で吹き飛ばしてしまうのです。ですから周囲の人は本人を病院に連れていくのも、治療薬を飲み始めてもらうのも一苦労です。医師は悪化の危険がある場合や、死にたいとほのめかす発言があった場合には、家族の同意を得て、強制的に入院してもらうこともあります。無理やり入院させると、かえって悪くなるのではないかと不安に思うかもしれませんが、その心配は無用です。うつ病の悪化や希死念慮などの兆候は、命に関わる問題であることを認識しなければなりません。

グラフにうつ病発病から回復までの経過を示し

ました。前駆期はうつ病になりかかった状態です。心身のエネルギーが低下して疲れやすく、それまで普通にできていたことが徐々につらくなってきます。物事がうまく運ばなくなるためにイライラや焦り、不安が生じてきます。そういう自分がだめなのだと考え、自責の念が強まることもあります。精神科に受診するところまではいかないことがなんとなくいつもと違う感じは受けるものの、日常的な休養の範囲では回復することが難しくなってきて、状態が悪化の状態が続くと、うつ病の症状がはっきり現れてきます。それが極期の状態です。症状としては前述したような身体と心の症状を中心にさまざまな不調が出てきます。うつ病のどん底の状態で、身体を起こすのもつらく、頭も回らないといった状態です。このような状態になれば、家族も職場の人も気づいて、受診に結び付けようとする場合が多いでしょう。

❁ うつ病回復の経過

　治療が始まると、しばらくは安静にしている必要があります。そして治療効果が出てくると、やがて病気の認識も出てきて、表情も良くなってきます。それが回復期です。しか

し、回復期の特徴として、やっかいなのは、右肩上がりに順調に回復するのではなくて、気分の良い日と悪い日の波を繰り返しながら回復していくことです。ですから「昨日あんなに気分が良かったのに、今日の気分は最悪」ということがしばしばあり、みな、「病気が再び悪化の方向に向かっているのではないか？」と不安になるのです。死にたい気持ちはそんなときに強くなります。自殺は、極期よりも回復期に起きやすいので注意が必要です。「良くなったり悪くなったりするけれど、ちゃんと良いほうに向かうから安心するように」とちゃんと説明しなければなりません。

時々「うつ病は治るのですか？」と聞かれることがありますが、それに対する答えは「うつ病から回復することは可能」です。うつ病は適切な治療を受けて、十分な休養がとれれば回復します。治療を開始してから三〜六カ月で三分の一の人々に症状の回復がみられ、一年以内に七〇％弱の人が回復するとされています。

しかし一方で、うつ病は再発しやすく、再発を繰り返すに従って病気が長引き、症状も重くなりがちです。ですから職場の上司や関係者は、再発する可能性のある病気であることを理解する必要があります。休職して復職したらもう大丈夫、元通りというわけではないのです。うつ病から回復して復職を果たしたとしても、治療は続ける必要がありますし、

服薬も継続しなければなりません。しばらくはストレスに弱い状態が続きますし、仕事の能力にしてもうつ病になる前の元の能力まで回復させるには、それなりの期間が必要です。うつ病の再発を防ぐために、ストレス要因となる環境をできるだけ避け、ゆとりを持った生活スタイルを心がける必要があります。

第四章 うつ病の治療とリハビリテーション

うつ病治療の基本はまず「安静休養」です。うつ病は脳が極度に疲労した状態ですから、まず脳を休めることが必要なのです。ただ脳の状態が元に戻るには時間がかかり、環境にも影響されるため、ストレスから離れ、十分休養をとるために、必要に応じて入院治療を行うことも考える必要があります。死にたい気持ちがある場合や、軽症であっても自宅でゆっくり休めないという場合も入院が効果的です。

そして安静休養をベースに「薬物による治療」「心理学的治療」「生活リハビリテーション」などの治療を組み合わせて行います。

薬物による治療

うつ病治療に、薬物療法は欠かせません。選択的セロトニン再取り込み阻害薬（SSRI）やセロトニン・ノルエピネフリン（ノルアドレナリン）再取り込み阻害薬（SNRI）といった抗うつ薬が開発されて、治療はとても安全で確実になりました。これらは、うつ病治療の最初に使う治療薬（第一選択薬）と位置づけられています。脳内には無数の神経細胞があり、互いの細胞が末端から放出される神経伝達物質という化学物質によって情報のやりとりが行われています。うつ病は、神経細胞から放出される神経伝達物質のうち、セロトニンやノルアドレナリンの量が減少して情報がスムーズに伝わらなくなっている状態です。そこで、神経細胞から放出されたセロトニンやノルアドレナリンが再び細胞に取り込まれるのを防ぐことで、細胞間のセロトニン、ノルアドレナリンの量を増やして、正常な情報のやりとりができるようにする、これがSSRIやSNRIなどの抗うつ薬が効くしくみです。

薬物による治療は一般に一年程度は続ける必要があります。この間、服用は少量から始め、徐々に量を増やしていきます。薬の効果が出るまでに二週間程度は必要なので、副作

用に注意しながらも、きちんと飲み続けなければなりません。また必要に応じて、抗うつ薬のほかに、抗不安薬（不安や緊張感を和らげる）、睡眠導入剤（不安を取り除き、寝つきをよくする）、気分安定薬（気分の波を抑える）などをしばらく併用することもあります。

このような治療で約七割の人がよくなるといわれています。しかしうつ病の薬は長期に服用する必要があるために、いくつかの注意点があります。その第一は妊娠です。妊娠の可能性がある場合には服用は控えるべきですし、服用中は妊娠しないように避妊をしなければなりません。授乳については低用量の服用であれば心配ないといわれていますが、検証されていない薬物もあるので、そのつど医師に相談しましょう。

また、運転や高所作業

③抗うつ薬を服用すると

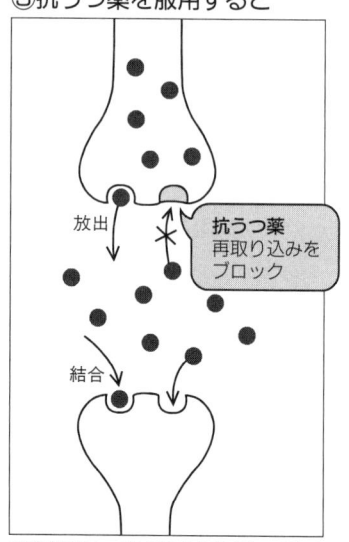

神経細胞に神経伝達物質が再び取り込まれるのを防ぐことで、神経細胞間でやりとりされる神経伝達物質の量が増えるため、情報が伝わりやすくなる。

①正常なとき

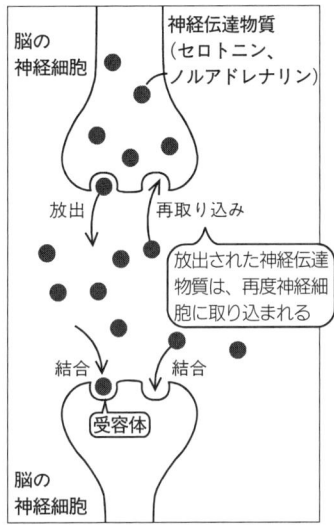

脳の神経細胞

神経伝達物質（セロトニン、ノルアドレナリン）

放出

再取り込み

放出された神経伝達物質は、再度神経細胞に取り込まれる

結合　結合

受容体

脳の神経細胞

脳内の神経細胞間での、神経伝達物質の放出と結合によって、情報のやりとりが活発に行われている。

②うつ病の状態

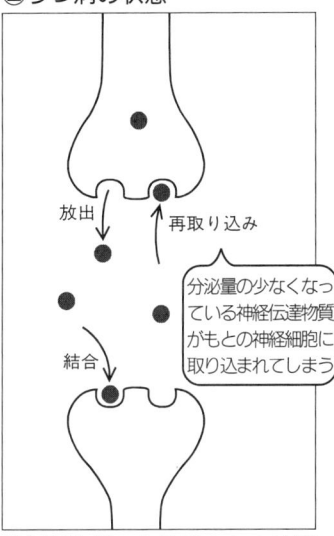

放出

再取り込み

分泌量の少なくなっている神経伝達物質がもとの神経細胞に取り込まれてしまう

結合

神経細胞間から放出される神経伝達物質の量が少なくなり、情報が伝わりにくい。

うつ病の発症と抗うつ薬が効くしくみ

などの危険作業も避けなければなりません。

時々、SSRIやSNRIを不安なときや気分の憂うつなときのみ、頓服薬のように飲んでいる人がいますが、作用機序からみるとあまり意味がなく、副作用が出やすくなります。

心理学的治療

うつ病の治療で薬物による治療と並んで重要なのが心理学的治療です。心理学的治療とは、患者と治療者が話し合うカウンセリングを基本とするものですが、その方法はさまざまです。

うつ病の心理学的治療の中で現在最も注目されているのは「認知行動療法（cognitive behavioral therapy：CBT）」です。認知行動療法は、うつ病になりやすい考え方に気づき、それを変化させていく治療法です。うつ病になると、自分の置かれた状況や出来事をネガティブにとらえやすくなり、そのためによけい気分が落ち込んでしまうということがよくあります。物事の考え方や受け取り方のことを認知といいますが、偏りがちでネガティブな認知、つまり認知の歪みを見直し、いろいろな角度から物事を考えられるようにすることで、気分を改善することができます。考え方の癖に気づき、修正する技術を一度身につけてしまえば、その後ストレスを感じることがあっても、上手に対処ができるようになり、うつ病の再発の一歩手前で回避できることもあります。

特徴的な認知の歪み

①根拠のない決めつけ
証拠が少ないままに思いつきを信じ込むことです。
②白黒思考
灰色（あいまいな状態）に耐えられず、ものごとをすべて白か黒かという極端な考え方で割り切ろうとすることです。
③部分的焦点づけ
自分が着目していることだけに目を向け、短絡的に結論づけることです。
④過大評価・過小評価
自分が関心のあることは拡大してとらえ、反対に自分の考えや予測に合わない部分はことさらに小さくみることもあります。
⑤べき思考
「こうすべきだ」「あのようにすべきではなかった」と過去のことをあれこれ思い出して悔やんだり、自分の行動を自分で制限して自分を責めることです。
⑥極端な一般化
少数の事実を取り上げ、すべてのことが同様の結果になるだろうと結論づけてしまいます。
⑦自己関連づけ
何か悪いことが起こると、自分のせいで起こったのだと自分を責めてしまいます。
⑧情緒的な理由づけ
そのときの自分の感情に基づいて、現実を判断してしまいます。
⑨自分で実現してしまう予言
自分で否定的予測を立てて自分の行動を制限してしまい、自分の行動を制限するものだから、予測通り失敗してしまう。その結果、否定的な予測をますます信じ込み、悪循環に陥ってしまいます。

『こころが晴れるノート』（大野裕著）より引用。

認知行動療法と並んで、効果が実証されている心理学的治療として、「対人関係療法（interpersonal psychotherapy：IPT）」があります。対人関係療法は「重要な他者（自分の情緒に最も大きな影響を与える人）」との「現在の関係」に焦点を当てて行います。

対人関係の問題の四つのテーマ（悲哀、対人関係上の役割をめぐる不和、役割の変化、対人関係の欠如）のうち一つを選んで、さまざまな戦略を用いて治療を進めていきます。うつ病の治療として効果があるとされていますが、コミュニケーションのパターンなどに注目することによって、対人関係全般が改善することも期待されます。

心理学的治療としては「心理教育」も有効な方法です。心理教育は、うつ病についての正しい知識や情報を学び、病気への対処の工夫や再発の注意サインを知ることで、治療がスムーズに進んだり、病気の悪化を防いだりする効果があります。心理教育はカウンセリングなどの中で、治療者と一対一で行うこともありますが、同じ病気を持った数人のグループで行うこともあります。この場合は他の人の病気の体験や病気への対応を聞くことができるため、病気なのは自分だけではないと安心できたり、自分では気づかなかった病気の注意サインに気づくことができるなどの効果があることもあります。

当事者向けに心理教育を行っているのは、うつ・気分障害協会（注1）（MDA-Japan）と

いう気分障害の患者さんの当事者支援グループで、さまざまな学習会や交流会を開催しています。

❀ 生活リハビリテーション

うつ病の症状の重い時期に最も必要な治療は休養と薬物療法です。しかし、症状が回復してきて、気分もよくなってきたら、徐々に身体を動かすことも推奨されます。とはいっても、いきなりテニスやゴルフなどといったスポーツではなく、家の周りを散歩したり、公園で草花を眺めたりといった、疲れが残らない程度の活動がよいでしょう。「運動しよう」と意気込まず、気分のよいときに少しずつ活動量を増やせばよいのです。活動的に過ごすことで、心身の調子がよくなり、一日の生活にメリハリがついて、生活のリズムを取り戻すきっかけとなります。

うつ病の人は、不眠などの睡眠障害が現れやすく、睡眠が乱れがちになります。それが

注1…うつ・気分障害協会：MDA-Japanの詳細はホームページ（http://www.mdajapan.net/）参照。

原因で昼夜が逆転したり、生活のリズムが狂ってしまいます。生活のリズムが崩れていると、一日中ダラダラと眠気が続き、身体もだるく、日中でも横になっていることが多くなります。そして結果的に夜のよい睡眠が妨げられ、朝すっきりと起きられないという悪循環に陥ってしまうのです。ですから、ある程度うつ病の症状が改善し、重い倦怠感から脱したら、意識的に生活リズムを整える工夫が必要になります。朝起きたときに、日光を浴びることも効果的です。太陽の光を浴びることによって、体内時計をつかさどっているメラトニンという脳内ホルモンの分泌が正常化して、少しずつ通常の生活リズムを取り戻すことができるようになります。

また、生活の中で行ううつ病のリハビリテーションとして、認知機能回復のためのトレーニングも行うとよいでしょう。うつ病の症状の重い時期には、新聞や本を読むのが億劫とか、新聞や本を読んでいて、視線は文字を追ってはいるけど頭に入ってこないとか、内容を覚えていられないといった、認知機能の低下がみられます。これは注意力・集中力、記憶力、判断力などの低下で、うつ病の特徴の一つといえます。もちろんうつ病の治療を集中的に行っている時期には、無理をして新聞や本を読むことは逆効果ですし、主治医からは一つの物事を深く考えたり、重要な決断をしないようにとアドバイスされていたこと

でしょう。しかしうつ病の回復期には、それらの認知機能を徐々に回復させ、復職に向けて、徐々に能力を取り戻すようにトレーニングをすることが重要になるのです。それには、漫画本でもスポーツ紙でも短編の小説でもよいので、何かを読むことから始めるとよいでしょう。自分の好きなものでかまいません。しばらく活字を読まなかった人にとっては、それだけでも集中力や持続力を鍛えることになり、よいトレーニングになります。それらの軽い読みものを読むことが苦にならなくなったら、少しずつ仕事に関係のあるものを読むようにします。また読むだけでなく、書くことも大事なトレーニングです。最初は短い日記程度でかまいません。ペンを持って文章を書くという作業だけでも、脳は活性化し、記憶力や注意力の回復に重要な役割を果たします。ある程度、まとまって日記の文章が書けるようになってきたら、本や新聞記事などの要約に挑戦してみましょう。文章の重要な部分を簡潔にまとめられるようになってきたら、判断力が少しずつ回復してきたと考えられるでしょう。

	月	火	水	木	金
午前	ストレッチ	パソコン作業	集団認知行動療法	卓球	SST（職場での場面を想定したロールプレイ）
午後	グループワーク（うつ病エピソードの振り返り）	ヨガ	ウォーキング	自習（本を読んでレポート作成）	1週間の振り返り

リワークデイケアのプログラムの一例

うつ病の復職リハビリテーション

どんなに優秀なプロ野球選手でも、怪我の後の復帰で、いきなり一軍のスタメンに出る選手はいません。まず二軍のベンチに入り、次に二軍のスタメンに出て、一軍のベンチ入り、一軍の代打といった段階をふんで復帰していきます。うつ病の場合も同じです。そのために、うつ病の復職リハビリテーションは極めて重要な要素となります。

最近、復職前のリハビリとして、リワークプログラムやリワークデイケアといった手法が一般化してきています。リワークというのは復職支援の総称ですから、本書もリワークのための解説書ということになります。ここでは医療として行われるリハビリ療法について述べます。

いろいろな考え方があると思いますが、リハビリとしてのリワークは、休職中で復職する会社が決まっているグループと、失業して求職中のグループを分けたほうがよいようです。会社への復職が決まっている場合は、かなり突っ込んだ集中力や自己分析が必要だからです。また、時間も最初はショートケアの三時間から始めて、その後六時間のデイケアという方法が理想的な手順と思われます。内容は施設によって違いますが、ストレッチ、運動、学習、グループワークなどのプログラムが組まれています。デイケアに通うことによって、生活リズムが整い、共通の課題を持った仲間と支え合い、相談できるスタッフがいて、さらに客観的な評価に基づいて安全に復職できるという利点があります。

うつ病はどれくらい多いか

平成十六年から十八年に行われた「こころの健康についての疫学調査に関する研究〔川上ら、二〇〇七〕」によると、我が国でのうつ病の有病率は過去十二ヵ月間の間にかかった人でみると、人口の二・一％、調査したときまでに生涯でうつ病にかかった人の割合は六・二％なので、一五〜二〇人に一人はこれまでにうつ病にかかったことがあるということ

とになります。軽症のうつ病を入れると、もっと多くの人がうつ病を経験したと思われます。男女比でみると、うつ病は女性に多く、男性の約二倍の人がうつ病にかかっています。働く労働者でいうと、三％程度がうつ病にかかっているとされています。うつ病は決して珍しくない病気なのです。

第五章 Q&A〈うつ病編〉

Q1 うつ病はどんなタイプの人がなりやすいのですか?

A 性格面でいえば、責任感が強く、完璧主義な人、几帳面で熱心な人、競争心が強い人などがそれにあたるでしょう。いつも時間に追われていて、それなのに頼まれると嫌とは言えず、自分の感情をうまく表現できない人というのはストレスをためやすいものです。そういう人は仕事が生活のすべてになりやすく、仕事以外の楽しみが少ないことが多いようです。

仕事面でいえば、常に長時間労働を強いられるような人はリスクが高いといえます。また家族と一緒に暮らしている人に比べて、単身生活者の方が、うつ病にかかる割合が高いでしょう。転勤や異動、昇進など、仕事の環境が大きく変化した人も新しいストレスを抱える可能性が高いのですが、一方で責任の重い仕事が一段落したところでうつ病になるという場合もあります。張りつめていた糸がプツンと切れて、一気に疲れが出るといった感じでしょう。これらの病前性格や生活環境などは、従来からのうつ病に特徴的ですが、最近注目されている「現代型うつ病」ではこれらの特徴が当てはまらない場合もあります。

Q2 うつ病の自覚症状があるにもかかわらず、受診や休養を拒否しています。どう対処したらよいですか？

A そのような人は「精神科を受診したら精神病というレッテルを貼られるのではないか」「休暇をとったり、休職をしたら、リストラの対象になってしまうのではないか」

「自分が休んだら周りに迷惑がかかるのではないか」などの考えを持っているのではないでしょうか。これらの考えに対しては、まずは本人が信頼できる人から「それらの心配は無用である」こと、「安心して受診したり、休養したりすればよい」ことを伝えてもらう必要があるでしょう。必要なら人事・労務担当者もしくは、上司が就業規則などを説明したり、職場内のフォロー体制について伝えるなどするとよいでしょう。

Q3 うつ病の薬を飲んでいる場合に注意することはありますか？

A うつ病の薬を飲んでいるからといって、特別に生活スタイルを変える必要はありません。しかし、原則的には車を運転したり、危険を伴う機械の操作を行ったりするような業務は、できれば控えたほうが安全です。うつ病の薬の中には、ぼんやりしたり眠気を生じたりといった副作用のあるものがあります。そのため事故の可能性のある業務に就かせることはリスクを伴います。しかしうつ病の薬による副作用でも、薬の種類や量によって違いますし、個人差も大きいので、業務などについては医師と相談して判断す

る必要があります。業務のほかに注意すべきこととしては、女性の妊娠です。薬の中には胎児の発育に影響を与えるおそれのあるものもあるので、妊娠中に服薬する場合、服薬の際に妊娠の可能性がある場合、授乳中の場合などには、必ずその旨を医師に申し出てください。

Q4 うつ病で入院が必要なときはどんなときでしょうか？

A うつ病だからといって必ずしも入院が必要なわけではありません。うつ病の状態が重くても自宅でゆっくりと休養でき、サポートしてくれる家族がいる場合には自宅のほうが安心して休めるという人もいるでしょう。しかしどうしても入院が必要な場合もあります。それは自殺の危険性がある場合です。「死にたい」「死んだら楽になるだろう」などの言葉や、自殺のそぶり、自殺未遂などがある場合は、迷わず入院したほうがよいでしょう。ほかに入院したほうがよい場合は、自宅でゆっくり休養できない場合や、例えば、「小さい子どもがいて泣き声を聞くのがつらい」という場合や、「嫁ぎ先で姑に

第五章　Q&A〈うつ病編〉

気を遣ってしまい、ゆったりとした気持ちで休めない」といった場合は、静かで安心でき、家事や育児に煩わされない入院という手段が効果的です。

Q5 うつ病になると家族が不安になります。家族への対応はどうすべきですか？

A 後に述べますが、うつ病の治療には家族の協力を得ることも必要です。まずは家族の不安を取り除くことができるとよいでしょう。家族も「治らないのではないか」「リストラされるのではないか」などと不安になるでしょうから、それに対しては説明して安心してもらうとよいでしょう。それとともに病院への受診の際には出来る限り家族が付き添ってくれるよう依頼してみましょう。一緒に受診して医師に本人の状態を伝えるとともに、家族の心配を医師に聞いてもらって、直接答えてもらうことが一番です。また、「会社としては家族と協力して回復を助けたいと考えている」ということを伝えましょう。家族と信頼関係を結び、家族も本人も安心して治療を受けることができるようサポートしましょう。

第二部 うつ病とは何か 170

Q6 うつ病の治療を続けながら、仕事を継続することはできるでしょうか？ 制限を加えたほうがよいのでしょうか？

A うつ病の治療を続けながら、仕事を継続することは可能です。というのは、もし休職して復職した場合であっても、治療は当分の間継続しなければなりませんし、うつ病が軽い状態であれば、仕事を継続したまま治療を行えばよいのです。しかし、職場のストレスがうつ病発症の大きな要因となっている場合は、発症前と同じ仕事量や業務内容のままでは回復がうまく進まないことが多いため、仕事量を減らしたり、残業や出張などを制限したりすることが必要になってきます。どの程度仕事を制限すればよいのかは、主治医や産業医と相談したうえで決定するのがよいでしょう。

Q7 うつ病の社員から、「やる気が出ない。仕事が続けられるか心配だ」と相談され

ました。「退職したほうがよいのではないか?」とも言っていますが、どうしたらよいでしょうか?

A その社員は、うつ病になる前の自分と比べて、意欲がなく、思うように仕事がはかどらなくなっており、周りに迷惑をかけているのではないか、自分が辞めたほうがよいのではないかと不安になっているのではないでしょうか。このような相談を受け、実際にうつ病によって仕事がうまくいかなくなっている場合は、休職して、まずは治療に専念してもらうのがよいと思われます。一方、うつ病にかかると悲観的になったり、自分を卑下したりすることがあるために、自分の仕事ぶりに自信が持てなくなっている可能性もあります。その場合はうつ病の治療中なのだから、今は無理をせず、安心して自分に与えられた業務を淡々とこなせばよいと伝えるべきでしょう。どちらにしても、うつ病の間は冷静で正しい判断ができなくなっていますから、重要な決断はうつ病が回復するまで先延ばしにするように伝え、本人が性急に結論を出さないようにサポートしましょう。

第三部

自殺防止とその対応

メンタルヘルスの問題の中で、最も注意しなければならないのは自殺の問題です。社員が自殺によって亡くなってしまうことは、企業にとって大きな損失をもたらします。社員の自殺は、家族や友人、同僚を悲しみのどん底に突き落とし、残された者たちにメンタルヘルス不調を起こさせ、職場や組織の士気を低下させます。社員の自殺によって、管理職や経営者への不信が巻き起こることもあります。もちろん人材という意味でも、社員の命は企業の命なのです。

　第三部では、社員の自殺を防ぐために、企業が行うべき対応について解説します。

自殺のサイン

自殺で亡くなる人の数は交通事故で亡くなる人の数よりも圧倒的に多く、警察庁の発表によると、平成十年以降十一年連続で、年間三万人を超えています。そして自殺をしてしまう人の半数から三分の二以上はうつ病あるいはうつ状態にあったと推測されています。しかしそのうち医療機関を受診する人は三分の一以下です。つまりうつ病やうつ状態であると認識されないまま自殺で亡くなってしまう人が非常に多いのです。このため自殺のサインを見逃さずに、気づいた場合には早急にそして適切に対応することが望まれます。

自殺のサインを表に示しました。自殺を考えている人には、言葉や行動の中にいつもとは違うさまざまなサインがみられます。そのサインは「死にたい」「自殺したい」などと言ったり、自殺の準備をしたり、自殺しようと考えている場所を下見に行ったりといった、直接的に表れるサインもありますが、「早く楽になりたい」とか「交通事故で死ねたらいいのに」などほのめかすような言葉や、身の回りを整理したり、長い間連絡していなかった友人に連絡して会いに行ったりなど、間接的な行動として表れることも多いものです。

直接的な言葉や行動以外のサインは、いずれもあいまいで、予測は難しいといえるでしょ

う。そのため仕事上や家庭の事情、対人関係の面などで難しい状況にある人に、五頁に示した「心の不調のサイン」や次の表の「自殺のサイン」のような、通常の言動との違いが見られた場合は、慎重に観察し、さりげなく声をかけて、自殺のサインを見極めましょう。

自殺のサイン

- 突然涙ぐんだり、不機嫌になって怒りやイライラを爆発させる。
- 落ち着かない様子で、そわそわして動き回る。
- 投げやりな態度が目立つ。
- 身なりに構わなくなる。
- 同僚や友人との交際が減り、ひとりでいることが多くなる。
- 突然家出したり、放浪、失踪したりする。
- 飲酒量が増える。
- 自殺の手段（薬物や刃物、紐など）を準備する。
- 自殺の場所を下見に行く。
- 自分の職や地位を辞退する。
- 昔の友人や知人に連絡したり、会いに行ったりする。
- 身の回りを整理したり、大切なものを誰かにあげる。
- 病気の治療を中断する。
- けがや事故が多くなる（危険な行動をするため）。
- 自殺に関する本を買ったり、インターネットで調べたりする。
- 自殺に関する文章を書いたり、絵を描いたりする。
- 「死にたい」「自殺したい」「生きていたくない」など、自殺願望を口にする。
- 「楽になりたい」「遠くに行きたい」「夜眠ったまま目覚めなければいい」など、自殺をほのめかす。

自殺のサインがみられたとき

自殺のサインがみられたときには、気づいた人がとにかく声をかけ、様子が違うことに気づいていて心配していることを伝えます。そしてその悩みの内容をしっかりと聞くことが大切です。実際に自殺を考えている場合も、「死にたい」という気持ちと「生きたい」という気持ちの間で揺れていることが多いので、自分のその状態に気づいてもらったというだけで、自殺するしかないと張りつめた気持ちが、ふっと緩むことがあります。そして自殺に関する気持ちを話すことによって、気持ちが楽になり、考えも柔軟になるかもしれません。

「親にもらった大事な命だ」とか「死んだら家族が悲しむぞ」などの声かけは、良くない声かけというわけではありませんが、本当に死のうと思っている人に対しては効果が少ない可能性があります。そういった常識的な感情に訴える声かけは、まだうつ状態の軽い人にとっては冷静になるきっかけとなるかもしれませんが、つらくて死ぬしかないと考えている人にとっては自分以外の人のことを考える余裕がないので、他の人の気持ちを考えろと言われても難しいのです。それよりもむしろ「あなたのことを心配している」という

ことを丁寧に伝えられると、「自分は一人ではない」と感じられ、相談したり、助けを求めようという気持ちになれるかもしれません。
　もちろん声をかけても何も話してくれない場合もありますが、その場合は「いつでも相談にのるから自分ひとりで抱え込まないように」と伝えて様子をみます。それでも表情や行動が変わっていなければ再度声をかけてみる必要があります。また同時に、会社内の健康管理担当者や精神科医療機関などにも相談し、自分自身も一人で抱え込まないようにしなければなりません。家族にも状況を知らせる必要があるでしょう。

自殺のサインが見られたときの声かけ・対応

●良い例
- 疲れているように見えるけど、体調が悪いのかい?
- 気がかりなことがあるなら話してくれないか?
- いつもの君じゃない気がするんだが、何かあったのか?
- いつでも相談にのるから、ひとりで抱え込まないで。

〈自殺願望について話してくれた場合〉
- 死にたいと思うほど大変だったんだね。
- よく話してくれたね。ありがとう。
- 死ぬこと以外に何か良い解決方法はないか一緒に考えよう。

●悪い例
- 馬鹿なことを言うな。
- 「死にたい」なんて言う奴に限って死なないもんだ。
- 死ぬ気になれば何でもできる。
- 死んだって何の解決にもならないぞ。

自殺に対する危機介入

自殺をしようとしていることを打ち明けられたり、実際に自殺をしようとしている場面に遭遇したときには、危機介入の必要があります。まずは相手の話や考えを否定せず、自殺をしようとするほどに追い詰められた気持ちを受け止めてください。悩みの具体的な内容を聞き、死ぬしか方法がないと考えた悩みやその気持ちには共感を示し、理解するように努めます。そして自殺以外に問題を解決する方法はないか一緒に考えます。問題解決のための良い方法が提示できれば、自殺を思いとどまってくれる可能性がありますが、良い解決方法が思い浮かばないとしても、「現在の追い詰められた精神状態では良い方法は浮かばないから、まずは休養と治療が必要である」と伝えます。そして「このまま一人で帰すわけにはいかない」と説得して、まずは家族に連絡をとってください。そのときも、本人には一言家族に連絡することを伝えてから連絡をするようにしましょう。そして、会社に健康管理担当者がいる場合には、担当者に連絡をし、家族が到着する間、数人で対応に当たります。場合によっては、そのまま誰かが同行して専門の医療機関を受診し、入院して、まずは命の安全を確保することが必要でしょう。もし受診や入院ができないとしても、

自殺の危険性がないと判断されるまでは誰かが付き添い、本人を一人にしない配慮が必要です。

自殺に関する危機介入マニュアル

段階および経過	対応の担当者	具体的対応
自殺のサイン (P.177参照) が見られる	上司 上司 上司 上司あるいは人事・労務担当者、健康管理担当者	・さりげなく声をかける。 ・話をそらしたり、批判したり、安易に励ましたりせずに、とにかく話を聞く。 ・健康管理担当者に相談、報告し、家族にも連絡して、状況を説明する。 ・家族に連絡し、付き添いを依頼する。 ・場合によっては、本人、家族の受診に同行する(家族や健康管理担当者が付き添いできない場合は、上司が付き添う)。
自殺未遂 (軽度のもの) ○手首自傷(浅い傷) ○過量服薬(数錠程度)	上司 上司あるいは人事・労務担当者、健康管理担当者 上司あるいは人事・労務担当者、健康管理担当者 上司あるいは人事・労務担当者、健康管理担当者	・健康管理担当者に相談し、医務室などで傷等の手当てを依頼する。必ず誰かがそばについて一人にしないようにする。 ・家族に連絡し、状況を説明して、精神科の受診に付き添うよう依頼する。 ・精神科の受診に付き添う(健康管理担当者不在の際は、上司が付き添う)。 ・主治医には、最近の状況や現在の様子をわかる範囲で伝え、今後の対応で留意すべき点について助言を請う。
自殺未遂 (中等度~命の危険がある場合) ○自傷の程度が重い ○過量服薬(大量) ○首をくくるなど	上司 健康管理担当者 上司あるいは人事・労務担当者 上司あるいは人事・労務担当者 上司あるいは人事・労務担当者	・救急車の手配をする。 ・医務室などがあれば、応急処置を依頼する。 ・できる限りの応急処置を行い、救急車到着後、救急隊員に状況を伝え、救急車に同乗して救急外来を受診する(健康管理担当者不在の際は、上司が付き添う)。 　→　総合病院等の救急外来を受診　→　入院 (→　状態が安定すればかかりつけの精神科に転院　→　入院) ・家族に連絡し、状況を説明する。 ・主治医に対して、状況を説明し、今後の対応で留意すべき点について助言を請う。

対応の際の留意点
- 直属の上司は、対応の中心的な役割を担うが、一人で抱え込まないように注意し、人事・労務担当者や産業医、健康管理担当者と連携して対応する。
- 上司との関係が問題となっている場合は、人事・労務担当者や健康管理担当者が中心的な役割を担うようにする。
- いずれの場合も、本人を一人にしないように、必ず誰かが付き添っているようにする。

自殺の要注意時期

うつ病などの場合、どんなときでも自殺の危険性はあるのですが、とくに自殺が起こりやすい時期があります。

うつ病のはじめのころは、それが病気のなりはじめのころと、治りかけのころです。

うつ病のはじめのころは、それが病気であることには気づかず、内科などを転々としたり、自分でなんとかしようとアルコールなどに手を伸ばしたりしている人もいるようですが、逆に悪化していく場合があります。飲酒によって不眠が解消できると信じている人もいるようですが、アルコールは長期的にはうつ病の症状を悪化させてしまいます。徐々に飲酒量が増え、酩酊状態で自己の行動をコントロールする力を失い、自殺に及ぶ人も多いのです。なるべく早い段階で精神科など専門医療機関を受診し、うつ病の治療を開始する必要があります。

また、うつ病の治りかけの時期も自殺や自殺未遂に注意しなければなりません。うつ病の状態が非常に重くて、つらい時期よりも、むしろ徐々にうつの状態が良くなってきていると周囲からはみえている時期のほうが、自殺の危険性は高いといえるかもしれません。

うつ病の状態が重い時期は、頭もすっきりせず、体を動かすのもままならないような状態にありますから、自殺をするエネルギーさえないのですが、うつ病の状態が良くなって、

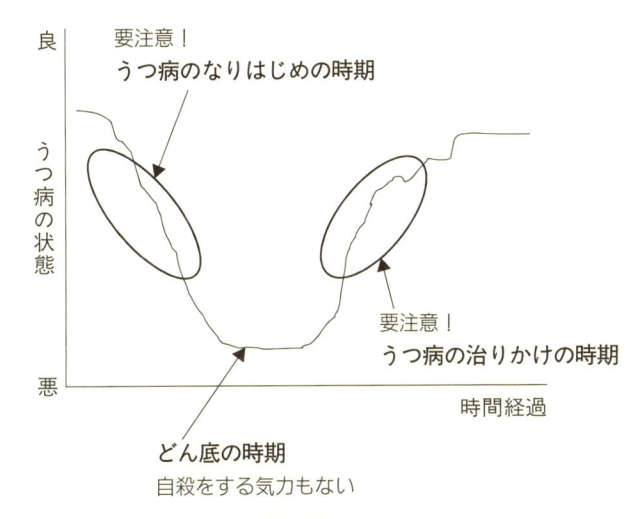

良
　│　要注意！
　│　**うつ病のなりはじめの時期**
うつ病の状態
　│
悪
　　　　　　　　　　　　　要注意！
　　　　　　　　　　　　　うつ病の治りかけの時期

　　　　　　　　　　　　　　　　　時間経過

　　　　どん底の時期
　　　　自殺をする気力もない

自殺の要注意時期

徐々に冷静に考える思考力が戻り、体もスムーズに動かせるようになると、現実的な自殺の方法を考え、実行に移してしまう可能性が高くなるためです。つまりうつ病の状態が良くなったからといって自殺の危険性がゼロになったわけではないことに注意し、周囲の人はさりげなく観察を続けていく必要があります。

第四部

社員がメンタルヘルスの不調に陥らないために

ここまで、社員が心の不調をきたしてしまった場合に、会社としてどう対応するのか、うつ病とは何なのかを中心にお話ししてきました。しかし社員がいつも健康で気持ちよく仕事ができていれば、会社が社員の心の不調への対応に頭を悩ませる必要もないのです。つまり社員の心の健康を保つ環境づくり、あるいはメンタルヘルス向上のための取り組みを日頃から行い、心の不調を予防する対策を行うことが重要といえます。

心の不調を予防する取り組みは、大きく分けて「メンタルヘルスに関する教育・研修」「職場環境の把握と改善」「心の不調に対する気づきと対応」があります。これらの取り組みが、社員の健康維持の一環として、継続的に、また効果的に進められることが最も望ましい方法です。第四部ではその取り組みについて解説します。

予防の取り組みの第一歩

心の不調を予防する取り組みは誰が中心となって行うべきなのでしょうか。第一部ではうつ病に罹患した社員への対応について述べました。これは健康管理室や人事・労務担当者、衛生管理者などが対応することを念頭に置いて述べました。これは健康管理室など産業保健スタッフがいる会社が少ないことと、産業医がいても多くは嘱託医で、心の病気に関する専門医ではなく、せいぜい年に数回の健康診断などでの関わりしかないことなどが理由です。従業員が五〇人以下の中小企業などでは、人事・労務担当者や衛生管理者すら明確でないというところもあるでしょう。ですから心の不調を予防する取り組みは、社員の健康問題に対応する担当者を決めるということになります。担当者の条件としては、社員の話をきちんと聞くことができ、社員の健康情報を扱うことになるので、秘密保持をきちんと行える人であること、一定の研修を受けた人が望ましいでしょう。研修は各都道府県産業保健推進センターなどで行っており、ビデオやテキストなども貸し出しているので、それらを利用することが可能です。

メンタルヘルスに関する教育・研修

メンタルヘルスに関する取り組みのなかで最も手軽にできるのが、教育・研修です。方法としては勉強会や講演会の開催が中心となります。これは担当者が研修に参加してそれを伝達講習として行うことも可能ですし、外部から講師を呼んで研修会を行うこともできます。内容は、従業員に対してであれば、ストレスやメンタルヘルスに対する基礎知識、ストレスの予防や軽減とストレスへの対処方法、相談先や相談方法の紹介などです。それらの研修によって、メンタルヘルスに対する関心を高め、自分自身でストレスをコントロールし、ストレスに対処することができるようになれば、心の不調は生じにくくなります。また職場の上司など管理監督者に対する研修であれば、従業員に対する研修内容に加えて、管理監督者としての役割や従業員から相談があった場合の話の聞き方、休職者の職場復帰支援の方法、担当者や外部相談機関との連携の方法などが必要です。上司が部下の心の健康に配慮し、部下の訴えに適切に対応することができれば、心の不調を予防することができます。

従業員の家族に対して、メンタルヘルスに関するリーフレットなどを配布し、メンタルヘルスへの関心を高め、啓発を行っていくことも重要でしょう。

❁ 職場環境の把握と改善

　職場環境にはさまざまな要因が含まれています。職場のデスクやコピー機の配置など物理的レイアウト、始業時間、終業時間、残業など労働時間に関すること、業務の内容やノルマなど仕事の質と量に関すること、職場内の人間関係など、すべてが職場環境の要因です。まずはこれらの職場環境要因が社員に与えている影響を把握することが重要です。そのために管理監督者は日常の職場管理の中で観察を行い、職場内のミーティングや個別の面談で社員の意見を聴取することが必要です。できれば半年に一回程度、定期的に職場の上司が部下と面談を行う機会を持ち、仕事についての目標や達成度を確認することに加えて、ストレスとなっている職場環境がないかどうかについても社員の話を聞くことができると、現在の職場の問題点が明らかになります。また健康管理の一環として、ストレスに関する調査票などを用いて個人のストレス状況と、関連する職場環境について評価するこ

とも効果的です。これは平成七年～十二年度労働省委託研究事業により開発された「職業性ストレス簡易調査票」と「仕事のストレス判定図」の組み合わせ (http://mental.m.u-tokyo.ac.jp/jstress/BJSQ/index.html 参照) を利用するなど、既存のチェックリストを用いて職場環境を評価することができます。

職場環境が把握でき、問題点を洗い出すことができたら、それらを改善するための試みを行うことになります。職場のレイアウトや作業手順などが変わるだけで、仕事がスムーズに進み、ストレスが軽減する場合もあります。まずは目に見える職場環境を中心に改善を行い、徐々にその先の人間関係や心理的なストレスにもアプローチしていくのが得策といえるでしょう。例えば、口うるさい課長のデスクの一番近くにデスクのある新入社員が、課長の視線が気になって自由に雑談もできない、あるいは課長に叱責されることが多くてストレスを感じていることがわかれば、席替えを行ったりデスクの向きを変えるなどして、課長の視線が一人に集中しすぎないように配慮することができるでしょう。そういった変更を行うことによって、課長自身が部下への言葉のかけ方について反省したり見直したりするかもしれません。他にも、著者の勤務している病院のある部署では、申し送りを行うミーティングの時間帯と、カルテを記入する記録の時間帯を入れ替えただけで、一日の仕

事の流れがスムーズになり、残業時間が減少したという効果があったこともあります。こうした職場環境改善の取り組みは、職場の一部署内だけで取り組むことが難しい場合も多いため、健康管理担当者が各部署の職場環境改善のためのミーティングに参加して助言を行ったり、共に話し合ったりすることが効果的です。また都道府県産業保健推進センターなど外部機関の助言や支援を受けることも可能です。

労働者参加型の手法による職場環境改善については、平成十四～十六年度厚生労働科学研究費労働安全衛生総合研究事業「職場環境等の改善等によるメンタルヘルス対策に関する研究」により、職場環境改善の導入マニュアルと「職場環境改善のためのヒント集」が作成されているので、それらのツールを活用するのもよいでしょう。

🍀 心の不調に対する気づきと対応

心の不調が軽いうちに発見され、うつ病に進行する前に対処することができたら、健康管理担当者の労力は少なくてすみます。心の不調に気づくときのチェックポイントとその対応は第一部で示したとおりです。しかし心の不調について社員自身が気づいて早めに対

処することができたら、さらによいでしょう。そのための方法として、先に述べた教育・研修によってストレスやメンタルヘルスに対する関心を高めることも必要なのですが、加えて社員が自己チェックできるストレスチェック票などを用いることも一つの方法です。年に数回の健康診断の際に、身体面の問診票と一緒にストレスチェック票を配布して自己チェックしてもらい、同時に自己申告式で面談の希望を受け付けたり、チェック票を回収して、ストレスが大きいと判断された人に対して産業医や健康管理担当者が面談し、助言を行うなどの保健指導を行います。しかし社員の中には、社内の人に悩みや心の不調を話すのは抵抗がある人も多いので、その場合は外部機関を利用することが必要です。例えば、外部EAPや精神科の病院、クリニックと契約して、社員の心の相談にかかる費用の一部を会社が負担する制度を作ることによって、社員が心の不調を気軽に相談できる経路を確保することができます。

また日頃から職場の管理監督者が社員の様子を観察し、残業が多くはないか、ノルマなどによって心理的負荷が大きくなっていないか、仕事以外でのストレス要因はないか（例えば肉親の死や離婚など家庭の問題）などについて把握することが必要で、特別な要因がある社員（例えば異動したばかりの社員など）に対しては特に注意を払わなければなりま

せん。もし不調のサインがみられたら、声をかけたり、面談を行うなどして、早急に対応しましょう。

🍀 働きやすい職場づくりに向けて

社員の心の不調を予防するための取り組みについて、組織としての取り組みを中心に述べてきましたが、これらはいずれも働きやすい職場づくりのための方法であるといえます。

働きやすさは職場環境などによっても左右されますが、社員が働きやすい職場だと感じ、意欲的に仕事に取り組めるかどうかは、仕事において達成感が得られるかどうかも大きな要因であるといえるでしょう。部下が達成感を持って、気持ちよく働くために、上司は何ができるか——それは適切な声かけと肯定的な評価です。上司が部下の努力やプロセスをきちんと把握したうえで、「君の粘り強さが功を奏したね」「君のおかげで納期に間に合ったよ」などと、言葉にして伝えることは部下の達成感につながり、次の仕事に対するモチベーションを高める原動力となるでしょう。

働きやすい職場づくりのためのもう一つの要因は、職場のチームワークです。これも上

司の力が大きく影響します。一人一人の部下がただ静かにデスクに座って仕事をしているだけではなく、仕事を相互に助け合って分担できるように配慮したり、こまめにミーティングを行って、部署内の問題や仕事のやり方について共有したり、たまには部署全体を巻き込んで雑談をするなど、職場内の人間関係に相互交流が起きるような働きかけをすることが必要です。このようなコミュニケーションを活性化させる試みを行っている職場では、一部の人への過重労働の偏りや、ぎくしゃくした人間関係トラブルは起こりにくく、チームワークの良い職場となるはずです。働きやすい職場を作ることは、心の不調を生じさせない職場づくりとイコールです。そして心の健康は、社員一人一人のパフォーマンスを高めるだけでなく、会社の組織全体のパフォーマンスを高めることになるのです。

文献

加藤正明：労働省平成十一年度「作業関連疾患の予防に関する研究：労働の場におけるストレス及びその健康影響に関する研究報告書」二〇〇〇

http://www.tmu-ph.ac/pdf/H11report.pdf

大野裕：『こころが晴れるノート～うつと不安の認知療法自習帳～』創元社、二〇〇三

厚生労働省：「職場における自殺の予防と対応」中央労働災害防止協会、二〇〇四

平成十六年度厚生労働科学研究費労働衛生総合研究事業「職場環境等の改善等によるメンタルヘルス対策に関する研究」職場環境改善のためのヒント集（アクションチェックリスト）作成ワーキンググループ（編）：「メンタルヘルス対策に重点をおいた職場環境等の改善マニュアル─職場環境改善のためのヒント集の活用法─」二〇〇五

樋味伸、神庭重信：「うつ病の社会文化的試論─特に『ディスティミア親和性うつ病』につ

いて」日社精医会誌、一三巻、一二九―一三六頁、二〇〇五

厚生労働省：「働く人の心の健康の保持増進」中央労働災害防止協会、二〇〇六

横山和仁ら：平成十六―十八年度厚生労働科学研究費（労働安全衛生総合研究事業）「労働者のメンタルヘルス対策における地域保健・医療との連携のあり方に関する研究　精神科医師・医療機関のための職域メンタルヘルス・マニュアル」二〇〇七

川上憲人：平成十六―十八年度厚生労働科学研究費補助金（こころの健康科学研究事業）「こころの健康についての疫学調査に関する研究　総合研究報告書」二〇〇七

http://www.khj-h.com/pdf/soukatuhoukoku19.pdf

小林祐一：「ステップ別休職から復職までの対策と留意点」労政時報、第三七〇二号、五三―七一頁、労務行政研究所、二〇〇七

厚生労働省：「心の健康づくり事例集～職場における労働者の心の健康の保持増進～」中央労働災害防止協会、二〇〇八

厚生労働省：「職場における心の健康づくり～労働者の心の健康の保持増進のための指針～」二〇〇九

中央労働災害防止協会、二〇〇八

福井県精神保健福祉センター：「福井県自殺・ストレス防止対策事業報告書」

文献

水島広子：『対人関係療法でなおすうつ病』創元社、二〇〇九

うつ病リワーク研究会：『うつ病リワークプログラムのはじめ方』弘文堂、二〇〇九

樋口輝彦：「多様化するうつ病の病像」日本医師会雑誌、一二八巻一一号、二二四三―二二四六頁、日本医師会、二〇一〇

広瀬徹也：「いわゆる現代型うつ病への対応」日本医師会雑誌、一三八巻一一号、二二五五―二二五九頁、日本医師会、二〇一〇

（出版年順）

あとがき

 私たち三人が「企業の担当者がうつ病の社員に対応する時に、すぐに役に立つ、分かりやすい本を作りたい」と最初に話し合ってから、一年半が過ぎようとしています。この間にも、世界的な経済不況、企業の倒産や経営破綻を背景として、派遣労働者の問題、人員削減による過重労働の問題など、企業におけるメンタルヘルスの問題はますます深刻化しています。私たちのもとにも連日多くのメンタルヘルスの問題を抱えた労働者が訪れ、精神的に追い詰められている現状を訴えています。労働者の多くは、働きたいという思いを持ちながらも、うつ病などメンタルヘルスの問題のために、休職を余儀なくされ、ケースによっては適切な対応がなされないまま退職に追い込まれてしまう者も少なくありません。
 私たちは、医療関係者（精神科医師・臨床心理士）と、企業の健康管理スタッフというそれぞれの立場で、職場のうつを見てきましたが、医療の関わりだけでも、企業担当者の

関わりだけでもうまくいかないことが分かってきました。双方が連携、協力して対応し、さらに企業内でも適切な役割分担を行いながら本人との関わりを持つことで、職場のうつに対する有効な取り組みを行うことができるのです。

この本を世に出す機会を与えてくださった星和書店の石澤雄司社長、出版にあたりご尽力いただきました編集部の桜岡さおり氏、近藤達哉氏に心より感謝いたします。

平成二十二年五月

松原　六郎

五十川　早苗

齊藤　忍

著者略歴

松原 六郎（まつばら　ろくろう）

昭和26年生まれ。昭和52年、東京慈恵会医科大学医学部卒業。昭和58年、金沢大学大学院医学部医学科修了。昭和58年より福井医科大学医学部精神科勤務。平成6年4月、財団法人松原病院理事長に就任。平成12年11月、医療法人福井心のクリニック開院。現在、公益財団法人松原病院 代表理事。医療法人福井心のクリニック理事長。精神保健指定医、労働衛生コンサルタント。

五十川 早苗（いそかわ　さなえ）

昭和44年生まれ。平成4年、福井大学教育学部卒業。平成6年、愛知教育大学大学院教育学研究科修了。平成6年4月より財団法人松原病院勤務。現在、公益財団法人松原病院 診療技術部臨床心理室主任。臨床心理士、精神保健福祉士。

齊藤 忍（さいとう　しのぶ）

昭和34年生まれ。昭和56年、金沢大学医療技術短期大学部看護学科卒業。昭和56年より病院勤務、平成7年より企業内健康管理室にて産業保健活動を行う。平成15年より現職。現在、キヤノンファインテック株式会社 総務本部福井総務課健康管理室 看護師。

職場のうつ

2010年6月12日　初版第1刷発行
2012年5月17日　初版第2刷発行

著　　者　松原六郎，五十川早苗，齊藤忍
発行者　石澤雄司
発行所　㈱星和書店
　　　　〒168-0074　東京都杉並区上高井戸1-2-5
　　　　電話　03 (3329) 0031（営業部）／03 (3329) 0033（編集部）
　　　　FAX　03 (5374) 7186（営業部）／03 (5374) 7185（編集部）
　　　　http://www.seiwa-pb.co.jp

Ⓒ2010　星和書店　　Printed in Japan　　ISBN978-4-7911-0740-7

・本書に掲載する著作物の複製権・翻訳権・上映権・譲渡権・公衆送信権（送信可能化権を含む）は㈱星和書店が保有します。
・JCOPY 〈(社)出版者著作権管理機構 委託出版物〉
本書の無断複写は著作権法上での例外を除き禁じられています。複写される場合は，そのつど事前に(社)出版者著作権管理機構（電話 03-3513-6969,
FAX 03-3513-6979, e-mail：info@jcopy.or.jp）の許諾を得てください。

職場のメンタルヘルス実践教室

加藤正明 監修　大西 守、島 悟 編
四六判　288p　2,400円

激変する職場環境、ストレスフルな社会によって引き起こされる新しい
メンタルヘルスの問題とその対処法を実践性に焦点をあて、わかりやすく解説。

ストレスとコーピング

ラザルス理論への招待

R・ラザルス 講演　林 峻一郎 編・訳
B6判　120p　1,650円

わが国で初めて、ラザルス教授のストレス理論を本人自身が紹介した講演集。

不安とうつの脳と心のメカニズム

感情と認知のニューロサイエンス

Dan J. Stein 著　田島 治、荒井まゆみ 訳
四六判　180p　2,800円

うつ病や不安障害の臨床に関わる医療関係者だけでなく、
不安やうつに悩む当事者の方も必読の書。

発行：星和書店　http://www.seiwa-pb.co.jp　価格は本体(税別)です

オトコのうつ

デヴィッド・B・ウェクスラー 著
山藤奈穂子 訳・監訳　荒井まゆみ 訳
四六判　372p　2,200円

新型うつ病、自己愛型うつ病、男性のうつ病の治療に悩む治療者、
精神保健関係者にもおすすめ。

「うつ」がいつまでも続くのは、なぜ？

双極Ⅱ型障害と軽微双極性障害を学ぶ

ジム・フェルプス 著　荒井秀樹 監訳　本多 篤、岩渕 愛、他訳
四六判　468p　2,400円

気分障害スペクトラムの概念を詳説し、すぐに実践できる対処法を紹介する。

DVDで学ぶ みんなのうつ病講座

医師と患者が語る、うつ病の理解と付き合い方

荒井秀樹、赤穂依鈴子 著
A5判　120p　2,500円

主治医と患者が共同作成したうつ病の入門DVD。スライドをもとに、
医師がうつ病理解のための基本的知識をわかりやすく解説する。

発行：星和書店　http://www.seiwa-pb.co.jp　価格は本体（税別）です

人間関係の悩み さようなら
素晴らしい対人関係を築くために

D・D・バーンズ 著
野村総一郎 監修　中島美鈴 監訳　佐藤美奈子 訳
四六判　496p　2,400円
対人関係の悩みを解決し、毎日を気分よく過ごすために。

［増補改訂 第2版］
いやな気分よ、さようなら
自分で学ぶ「抑うつ」克服法

D・D・バーンズ 著　野村、夏苅、山岡、小池、佐藤、林 訳
B6判　824p　3,680円
「うつ病」のバイブルといわれている書。
抑うつを改善し、気分をコントロールするための認知療法を紹介する。

不安もパニックも、さようなら
不安障害の認知行動療法：
薬を使うことなくあなたの人生を変化させるために

D・D・バーンズ 著
野村総一郎、中島美鈴 監修・監訳　林 建郎 訳
四六判　784p　3,600円
薬を飲むことなく不安や怖れを取り除く40の強力な抗不安技法を紹介する。

発行：星和書店　http://www.seiwa-pb.co.jp　価格は本体(税別)です